現場を生かす

裏方力

プロ野球フロント日記

瀬戸山 隆三

同友館

はじめに

ダイエー、ロッテ、オリックス――。私は約30年にわたって、プロ野球のフロント人生を送ってきた。

「フロント」とは、チームを大輪の花として咲かせるために、地中で戦う「裏方」である。球団社長以下、チームと球団のためにさまざまな業務に従事する、いわゆる背広組を指す。

フロントの仕事は、多岐にわたる。

○チームの指揮を執る監督を決め、新人選手の獲得や、他球団とのトレードなどで戦力を整え、優勝争いできるチームをつくる。

○ファンの拡大や、スポンサー企業の獲得などを通して売上を増やし、球団経営を担う。

○スタジアムを拠点にして、地域の経済と社会に貢献する。

○球団を含む企業グループの核として、グループのイメージアップを図る。

私は、球団代表や球団本部長という現場トップの立場から、それらの目標に向かって、監督やコーチ、選手などとともに、またフロントのスタッフとともに、常に情熱をもって仕事をしてきたつもりだ。

フロントには、常に泥をかぶる覚悟が必要だし、自己犠牲の精神が重要だと考えている。30年間、私は何度もその役回りを果たしてきた。ときには周囲から誤解されることもあったが、それを引き受けることも含めて、フロントの役割だと思う。

この本では、ダイエー、ロッテ、オリックスでのこれまでの私の仕事の軌跡を描いた。さらに後半の「野球ビジネス」では、プロ野球におけるフロントの仕事と役割、「球団と球場一体化改革」をはじめとした今後のプロ野球界のあるべき姿を綴っている。

私は、「プロ野球とは『複合ビジネス』である」と捉えている。

スポーツビジネスのみならず、裏方として主役を誠実に支えている人たちにとって参考になれば幸いである。

目次

第2章 ロッテ編

Ⅱ 野球ビジネス

フロントとしての矜持、球団経営のこれから

プロローグ

●野球との出合い

私の実家は、大阪市東住吉区にある。近鉄南大阪線・針中野駅近くの駒川商店街にあった、母親の実家で暮らしていた。もともとは神戸で生まれ育ったが、小学2年生のとき、サラリーマンだった父親の転勤で、1年間だけ東京へ。その後、大阪のこの家で過ごすことになる。

野球好きの父親が、球場によく連れていってくれた。高校野球の夏の甲子園は、昭和38年大会の準々決勝4試合を外野席で全部見た。その年、優勝した大阪・明星高校で「4番・捕手」を務め、阪神に入団する和田徹さんの姿が目に焼きついている（和田さんとは、後に親しくなる）。

プロ野球の試合にも何度も足を運んだ。東京にいた頃は後楽園での巨人戦へ、大阪に戻ってきてからは甲子園で阪神戦を観戦した。土地柄から阪神ファンが多く、私もその一人だった。

パ・リーグのチームでは、南海への愛着が強かった。鶴岡一人監督のもと、当時の南海は常に優勝争いをしていた。「南海ホークス子どもの会」というファンクラブに入り、南海のバッジを肌身離さず身に着けていた。シーズンオフになると大阪球場に行き、アンダースローのエース・杉浦忠さんや、本塁打王の名捕手・野村克也さんらからサインをもらった。

だが、時代は、巨人の王、長嶋の「ＯＮ」が人気を集め始めた頃。私も阪神や南海を応援していたのに、なぜか王さんが好きだった。王さんが自身について語ったソノシートを、親に買ってもらったことを、今でも覚えている。

「こんにちは、王貞治です。好きな食べ物は焼き魚です」「練習は一日何時間します」「夜は食事をしてから寝るまでは3時間ぐらい起きています」

そんな他愛もない話が収録されているだけなのだが、王さんが「焼き魚が好きだ」というのが、とりわけ印象に残っている。

父親からも王さんの話を聞かされたことがある。早稲田実業から巨人に入団が決まったばかりの頃。実家の中華料理店「五十番」（東京都墨田区）に行ったところ、店の手伝いで出前から帰ってきた王さんに会ったという。

「『頑張って』と声をかけると、『ありがとうございます』と御礼を言った。すごく明るくて、笑顔のいい青年だった。きっと、いい選手になるんだろうなあ」

父はそんなふうに言っていた。

当時、男の子の遊びといえば、もっぱら野球だった。学校の休み時間になると、軟式テニスの球で、友だちと野球らしきことをやっていた。私は体は小さかったが、それなりに上手かったのだろう。クラスでソフトボールの選手に選ばれ、レフトをよく守っていた。そのかたわら、水泳部に入部。中学まで水泳部で活動した。平泳ぎで、まずまず速い選手だった。

本格的に野球を始めたのは、高校（大阪府立住吉高校）に入ってからだ。同校の野球部の門を叩いた。とはいえ、毎年、地方大会の1回戦で負ける弱小チームだった。守備がそれなりに上手かったせいか、二塁手を任された。2年生からベンチ入りし、3年生で先発メンバーに起用された。打順は2番。打撃の調子が悪くなると、8番か9番だった。しかし、私がいた3年間でも、チームはほとんど勝つことはできなかった。

●「プレーイング・マネジャー」を務めた大学時代

高校卒業後、地元の大阪市立大に進学すると、さっそく硬式野球部に入部した。近畿地区の当時のトップ6校を除く下部3リーグの中の近畿リーグで、大阪市大は最上位の1部に属する強豪校であった。試合は近鉄バファローズのホームグラウンド、日生球場で行われていた。

「日生球場で野球ができるなら、いいじゃないか。頑張らんといかんぞ」

父にそう励まされたものの、練習や試合が続き、授業には全く出られない。大学生になったら車の免許も取って、遊びたい……などと思っていたが、それどころではない。やむなく退部した。

しかし、野球は続けたかった。そこで選んだのが、準硬式野球部である。練習は週4日ほどでいいという。これなら大学生活を満喫し、楽しみながら野球ができると思った。

守備はショート、打順は1番か2番を任された。チームは長い間、低迷を続けていた。0勝10敗と全敗のシーズンも珍しくなかった。私が入部した最初のリーグ戦には、部員9人で臨むほどだった。

だが、続けていくうちに、「どうせやるのなら、リーグのトップをめざしたい」という気持ちが芽生えていった。高校時代に硬式野球の経験を持つ新入生を勧誘した。食事をご馳走しながら、口説いた。さながら、チーム編成を務めるゼネラル・マネジャーである。

3年生の秋にキャプテンに選ばれると、チームの「改革」をさらに加速させた。部員の中には、野球の経験が全くない者もいたが、上手下手で区別せず、「みんなでやろう」という姿勢を前面に出した。練習を週6日に増やし、翌春のリーグ戦前には1ヵ月間の合宿を組んだ。部員全員が集まって、バットの素振りを毎日1000回こなした。手にまめができ、血まみれになるほどの猛練習。だが、誰一人、脱落しなかった。おかげで皆、みるみるうちに打撃が向上し、飛距離が伸びた。それまでボールをまともに捕れなかった部員も、一塁手として試合にフル出場できるまでに成長した。

監督は準硬式野球部のOBが務めていたが、登録上の名ばかりのもので、試合の采配はキャプテンである私に一任されていた。対戦相手を研究し、投手の配球を読み、狙い球を絞るなど、チーム一丸となって試合に臨んだ。抜きん出た選手はいなかったが、甲子園出場経験の選手を擁するチームにも互角以上に戦い、快進撃を続けた。そして、春のリーグで1957年以来、実に18年ぶりの優勝を果たす。

思えば、南海時代から低迷を続けていたダイエーホークスは、主力打者の小久保裕紀が中心になってチームを変えた。

「強くなるためには、監督に言われて練習しているようではダメだ。自分たちが自主的に練習しないと、うまくならないんだ」

小久保は常日頃からそう言っていた。試合後も日付が変わるまで打撃マシンを相手に、練習に励んだ。彼のそんな背中を見て、井口や松中や城島、柴原らは「小久保に負けてたまるか」と競い合った。それが、ダイエーを常勝軍団に育てていった。

もちろん、当時のダイエーと、私の学生時代のチームとでは、レベルには雲泥の差がある。だが、選手たちがまとまり、競争して練習することで、チームは変わることができる。その点においては、通じるものがある。

後に、私が関わることになるプロ野球の世界。その原点ともいえる経験を、大学時代にできたと思っている。

Ⅰ 軌跡

ダイエー・ロッテ・オリックス
フロントとして歩いた30年

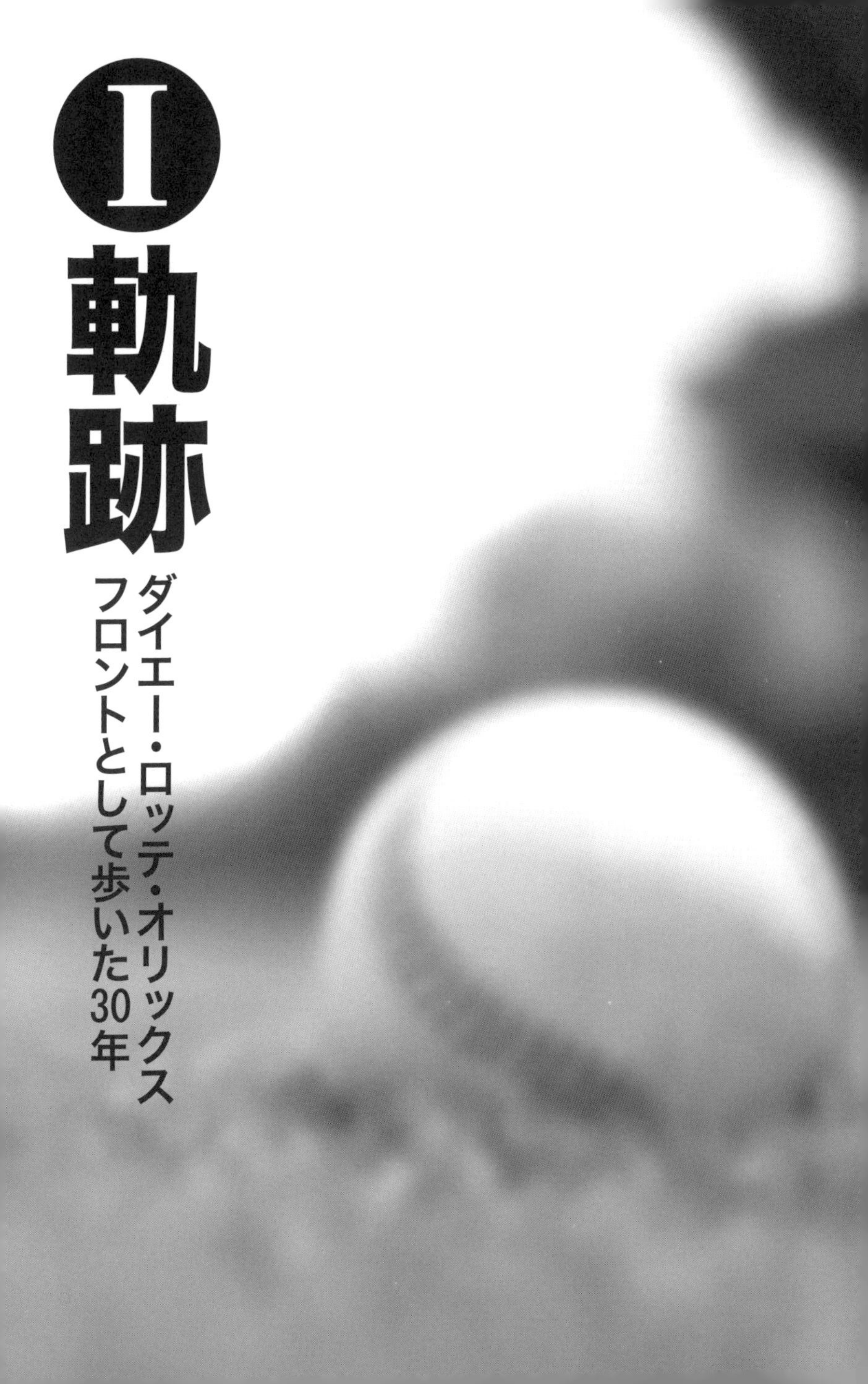

第1章　ダイエー編

●南海ホークス買収

私には「日本一の肉のバイヤーになる」という夢があった。

子どもの頃にテレビで見た東京オリンピックの開会式。アフリカのチャドやカメルーンの選手たちの民族衣装、東西ドイツの選手団が一つのチームになって歩く様、アメリカやソ連のパワーあふれる姿――。世界にはこんなにたくさんの国があるのだと驚いた。

大学受験の予備校に通っていた頃、地理の先生から聞いた、世界各地の民族や農水産業、畜産業についての話にも強く興味を惹かれていた。商店街で育ち、肉屋や魚屋、八百屋などと日々、接していたこともあるだろう。大手の商社に入って、世界の農産物を取り扱いたいという気持ちが募っていった。

ところが、大学4年時に就職活動したものの、本命の商社はすべて不合格。滑り止めのような軽い気持ちで、ダイエーの面接を受けたところ、思いがけず内定をもらう。かろうじて最終面接まで残ったS商事の面接官に、「ダイエーは勢いのある立派な会社だ」とも言われた。

よし、それならダイエーに入って、日本一の食品のバイヤーをめざしてやる。世界のべストソースから良い品をより安く、日本の生活者に提供したい。そんな志を抱いて、大学卒業後の1977年、私はダイエーに入社した。

当時のダイエーは「肉のダイエー」として知られていた。会社に胸中を伝えたところ、それなら肉についてしっかり学んでこいと、茨城県にあった全寮制の食肉専門学校に入学させてもらい、半年間、勉強した。

この学校の校長が、海軍軍人・山本五十六の言葉を毎日のように我々生徒に語り聞かせていた。

「やってみせ、言って聞かせて、させてみて、ほめてやらねば人は動かじ」

この言葉には大きな影響を受けた。まずは自分がかくあらねばと、懸命に動いた。ダイエーに入ってからすぐに読んだ、中内㓛社長の著書『わが安売り哲学』にも強く感銘を受けていた。そこには、自分はこの国で流通革命をやっていくのだと、情熱を込めて綴られていた。

本社に異動して、しばらく経った1982年のこと。社内の部署別野球大会に参加した。〝中内さんの懐刀〟と言われていた人事統括室長の鈴木達郎さんは、私が学生時代に野球をやっていたと知ると、「キャッチャーできるやろ」とポジションに就くよう促した。

私はその試合で、３度連続で盗塁を阻止した。「その肩、プロでも行けるんちゃうか」とほめられたが、私のレベルではプロの世界などかなうわけがない。だが、こそばゆくも、その言葉はうれしかった。

当時、ダイエーは飛ぶ鳥を落とす勢いで、多角的に事業を展開し、成長を続けていた。ハワイのアラモアナ・ショッピングセンター、スーパーマーケット業などを営んでいた忠実屋など、さまざまな企業を買収していた。

そして、１９８８年1月、専務に昇格していた鈴木さんに呼び出される。

「君、たしか野球をやっとったよなあ」

社内での野球大会のことを、彼は覚えていたのだ。

「いや、やっとったってほどではないですけど……」

「南海電鉄がホークスをダイエーに譲りたいと言ってきている。うちで、プロ野球をやるかもしれん。ただし、誰にも言うな」

野球に多少の心得がある私に、南海ホークス買収の仕事に就くようにという指令だった。他言無用、隠密裏に事を進めるようにと、くぎを刺された。

「シーズン中に万が一、この動きがわかったら、すべて白紙になってしまう。これは南海との約束だ。重々、気をつけてやってくれ」

私は、まもなく神戸本店室課長の辞令を受けた。名目は神戸の渉外担当だが、それはあくまで球団買収を外部に漏らさないための表向きのものに過ぎない。通常の業務をこなす社員に交じり、神戸本店室長の鵜木《うのき》洋二さんの下で、周囲に悟られないよう買収の話を進めることになった。

鵜木さんが住んでいた神戸市内のマンションの一室に、私も入居した。そして、南海ホークスをはじめ、プロ野球球団の経営状況について、あらゆる方法で調査した。ホークスは南海電鉄の１００パーセント子会社だった。資料や情報を隠密裏に集めた。年間の観客動員数は88万人と公式発表されていたが、実は30万人程度だということも分かった。

私にとって、これは、とてつもない大仕事だった。高校、大学と野球をやっていたとはいえ、プロ野球とは何の縁もない。しかも、今まで会社ではパーツの仕事を担っていたに過ぎない人間である。それが、球団経営に必要なことを一から学び、事業全体を見渡して、個々の案件について判断が迫られることになった。私は、無我夢中で取り組んだ。

中内㓛社長はダイエー創業の地・神戸をチームの本拠地にしたいと考えていた。ところが、鈴木専務と鵜木室長は福岡を主張した。福岡で球団を持てば、九州でのダイエーのステイタスができ、ひいてはアジアへの進出も図ることができる。「これからは地方の時代になる。いろいろな地域がプロ野球の球団を持つべきだ」という考えもあった。中内さんもやがて、これに同意した。

5月に入ると、鵜木室長と福岡に行くことが増えた。市が所有する平和台球場を視察した。かつての西鉄ライオンズが本拠としたグラウンドである。福岡でやるなら、まずは既存の球場を使わなければ、シーズンにはとても間に合わない。しかし、球場は老朽化が進んでいた。観客席の椅子はボロボロで、選手たちが使うロッカーもなければ、風呂場は朽ち果てていた。シーズン開幕までに、急ピッチで再整備をしなければならない。結局、観客席の椅子だけでも約5億円をかけて改修しようということになった。雨天時の室内練習場は、市内長浜の鮮魚市場の空き地の一角に、急ごしらえで造成する計画にした。

さらに、球団を運営するには、2軍の球場や合宿所、室内練習場も必要になる。

「それを市と相談して、段取りするのが君の仕事だろう」

中内さんや鵜木さんにこう言われたら、やらざるを得ない。市と交渉し、雁の巣に球場を作ることで合意を得た。だが、球場は開幕には間に合ったとしても、春季キャンプをどうするか。福岡県内を探し回り、福間の厚生年金スポーツセンター（現・サンピア福岡）のグラウンドを押さえた。隣接する古賀市の住宅・都市整備公団（現・UR都市機構）の花鶴丘団地を1棟借り上げ、キャンプ中は2軍選手の合宿所に代替した。福岡市の協力を得て、西戸崎に合宿所と室内練習場の新設も決まった。

我々は、これらのことをあくまで水面下で進めていたつもりだったが、報知新聞（現・スポーツ報知）にスクープされてしまう。8月27日の夜、「南海の買収、明日書きます」と連絡があった。あわてて中内社長に電話を入れると、「輪転機を止めに行け！」と言われた。だが、それは到底できることではない。ただし、地元の西日本新聞にはリークをしておいた。これから福岡を本拠地にしてスタートする上で、地元紙の顔を立てておく必要があったからだ。

翌28日付の報知の紙面には、「ダイエー　南海を買収」「本拠地は福岡」と1面トップで大きく報じられた。南海側からは、買収交渉が途中で世間に明るみになったら白紙に戻すと言われていた。ついにご破算か。中内社長はしばらく、「プロ野球には興味がない」とメディアからの取材もはぐらかしていた。鈴木専務には「買収交渉を継続できるよう、努力はする。しかるべきときに備えて、福岡で待機していてくれ」と言われた。事実、南海

報知新聞
8月28日 日曜日
来季から新球団「ユニード」
ダイエー南海を買収
本拠地は福岡
ガリー完封11勝
来シーズン
福岡/九州
譲渡

南海買収をスクープされる（報知新聞1988年8月28日付）

側との交渉は着実に進んでいた。

そして、9月21日、中内社長が南海電鉄の吉村茂夫社長と会談し、買収が成立した。買収額は20億3000万円。10月1日のオーナー会議で球団譲渡が承認され、ついに福岡ダイエーホークスが誕生する。

買収にあたり、南海側は3つの条件を求めていた。①「ホークス」という名前を残す、②杉浦忠監督は留任させる、③選手、スタッフ、フロントいずれも希望者は引き続き雇用する、の3つである。

南海ホークスの一員だった人たちにとっては、チームのオーナーが代わり、福岡に移転することは青天の霹靂である。新天地・福岡に気持ちよく連れて行くために、選手の年俸は1・5倍に引き上げ、住宅手当を厚くするなど好待遇で迎えることにも努めた。会社が負担して、家族同伴での福岡への下見を2回行い、大阪での説明会も行った（ただし、南海の中心選手として長年活躍してきた門田博光は、人工芝の平和台のグラウンドでは膝に支障をきたすと、オリックス・ブレーブスに移籍した。その後、91年にホークスに復帰、2年間プレーした後、現役を引退した）。

スタッフやフロントについても、給与や役職位などを良くした。

こうして新生ホークスは、いよいよスタートを切った。

●新天地・福岡での苦闘

だが、福岡の人たちの反発は強かった。それまで長らく、西鉄ライオンズの本拠地であった平和台球場に、かつての南海のエース・杉浦が率いるチームが乗り込んでくる。黄金期の西鉄の鉄腕、「神様、仏様、稲尾様」で知られる通算276勝の稲尾和久の宿敵だったではないか――。そんな感情を抱かれたのだろう。そして何より、地元経済界には当時全国各地に出店を続けていたダイエー・中内㓛社長に対する警戒心が根強かった。

中内社長、杉浦監督も出席し、ダイエーホークスのお披露目パーティーを開いた際、九州電力（九電）をはじめとした「七社会」と呼ばれる福岡の財界トップに声をかけたが、ことごとく欠席の返事が届いた。各会社に足を運び、再度、掛け合おうとしたが、門前払いされる。総務課長に代理で出席してもらうのが関の山だった。自分たちは歓迎されていないのだと痛感した。

私は当時、球団総務課長の任にあった。中内社長の指示で、お中元を50個ほど用意し、6月に入ってからは杉浦監督とともに、パーティーを欠席した「七社会」の役員のお宅を一軒一軒、訪ねた。シーズン中にチームの指揮官にそこまで身を割いてもらってもいいものか。中内さんにそう言葉を返すと、「試合も大事だが、まずは、地元に根ざさんことには、どうしようもないだろ」と言われた。杉浦監督も「喜んで」と了解された。

試合前の練習が始まるのが、おおよそ午後2時である。杉浦監督は背広を着て、朝の10時頃から財界人の自宅をまわった。たいがいの人は仕事に出て、家にはいない。お手伝いさんにお中元を渡し、伝言した。

ある日、九州経済連合会のトップも務めた重鎮の自宅を訪れたときだった。

玄関口に本人が出てきてくれた。

「このたび福岡ダイエーホークスの――」と杉浦監督があいさつすると、思わぬ怒声が返ってきた。

「もう一回言ってみろ。お前は南海ホークスだろ」

東京六大学で立教大のエースとして活躍。鳴り物入りで南海入り後も新人王、1959年には投手部門のタイトルを独占し、日本シリーズ4連投4連勝と輝かしい実績を残した杉浦監督ですら、中元の品を受け取ってもらえなかった。我々は歓迎されていなかった。

「監督、すみません」と謝ると、「いやいや、これを乗り越えんといかんのやから。仕方ない」と杉浦さんはこらえていた。選手時代から「球界の紳士」と言われ、スマートな出で立ちでファンを魅了してきた杉浦さんが、今このような状況に立たされている。その姿を見るのがいたたまれなかった。ご自身もさぞかし、つらかったと思う。

とはいえ、我々は逃げるわけにはいかない。4~5年後には、福岡にドーム球場を完成させる。それまでに何とか市民権を得なければと、必死になって考え、動いた。

中内社長は「ネアカ　のびのび　へこたれず」「顔出せ　声出せ　頭下げ」と繰り返し言っていた。

「君たちはどんどん営業に回れ。まずは、子どもたちを味方につけることだ」

その言葉に背中を押され、保育園や小学校を回り、ホークスの帽子をプレゼントした。

中洲の飲食店にも一軒一軒、足を運んだ。

財界人には冷たくあしらわれたが、地元の経済人で応援してくれた人たちもいた。福岡銀行の杉浦博夫・元専務は、杉浦監督と同姓のよしみから「杉浦会」をつくり、励ましてくれた。あらゆるところで、こう言って、触れまわった。

「我々は嫁に逃げられた立場なんだ。それがこうして嫁に来てくれたとやから、器量が悪いぐらいのことで、『バカヤロウ、ふざけるな』はない。どげな嫁でも、みんなで大事にせんといかんばい。今度、逃げられたらもう誰も来んばい。弱くても、中内さんがオーナーでも、そげなことは関係なか」

かつて地元を熱狂させた西鉄ライオンズ（後の太平洋クラブ、クラウンライター）は、福岡から去ってしまった。それが今、ダイエーホークスが福岡を本拠地にスタートしている。球団を「嫁」に例えてのスピーチには打たれた。

青年会議所を中心に結成されていた「市民球団誘致市民会議」（後の「市民球団ホークス後援会」）の働きも大きかった。ライオンズのオーナー企業がクラウンライターから西武へと代わり、福岡から所沢に本拠が移ってしまってから、球団誘致運動を続けていた。とりわけ、青年会議所の小林専司さん、中尾達弥さん、司法書士の村山政幸さんはその中核になって、一肌も二肌も脱いでくれた。

小林さんは、仕事のかたわら、アジアの子どもたちの異文化交流を進める「アジア太平洋こども会議・イン福岡」の活動にも携わるなど、私利私欲のない開けっぴろげな性格で、福岡の財界にも顔が利いた。オフシーズンのイベント開催や、選手の個人後援会の創設などにも尽力してくれた。中尾さんと村山さんは、ファン層の拡大やチケット販売で草の根レベルで動いてくれた（中尾さん、村山さんともに私がダイエーから去った後、ロッテ、オリックスでフロントの仕事に就くと、その都度、応援してくれた）。

杉浦監督は1年間、尽力されたが、「私の手には負えない。側面から手伝う」と辞任した。

後継として白羽の矢が立ったのは、田淵幸一さんである。監督とはいえ、地元に根づくためには、引き続き、チームの営業や広報の役回りも担わなければいけない。「私のような地味な男ではなく、天真爛漫な田淵のような男が監督をやるほうがいい」という杉浦さんの意向もあった。

田淵さんは、阪神などで中心打者として活躍し、通算474本のホームランを放ち、人気を集めた選手である。引退後は野球解説者を務めていた。田淵監督就任後、チームは福岡に少しずつ溶け込んでいった。田淵さんは陽気で親しみやすい人柄で、子どもたちをはじめ多くのファンに好かれた。七社会の幹部にも好感を持たれ、後の福岡ドーム・オープン時には、九電がスーパーボックス（VIPルーム）を買って出てくれるほどの友好関係を築いた。

球団誕生当初は、西武戦では観客の8割がかつてのホームチームの西武の帽子、対してホークスは2割という光景だったが、やがて観客席にホークスの帽子をかぶるファンが目立つようになっていった。成績も6位、5位、4位と着実にステップアップしていく。ホークスは、こうして徐々に市民権を得ていった。

●根本陸夫さんとの出会い

このまま田淵監督でいいのではないかと思っていたところ、92年のシーズン終了後の11月、中内さんに呼び出された。浜松町のダイエー東京本社ビル、14階の一室を訪ねると、中内さんとともにいたのが根本陸夫さんだった。

根本さんは広島や西武で監督を務め、後には西武のゼネラル・マネジャー的な任に就いていた。トレードやドラフトで腕を振るい、80年代の西武黄金時代をつくり上げた「球界の寝業師」の異名を持つ人である。その根本さんを監督兼専務取締役球団本部長として迎え入れたという。中内さんの考えに基づいた招聘だった。

「チームを強くする術が、うちには全然ない。根本さんが現場を見ながらチーム編成もやってくれ。瀬戸山はこんな頼りない男だけど、どうしたらチームを強くできるのか、基礎から全部教えてやってほしい。秘書代わりに使ってもらって、運転手でも掃除洗濯でも何でもさせながら、教えてやってほしい」

中内さんにそう言われると、根本さんは「わかりました」とひと言、返すのみだった。ところが、根本さんと2人で部屋を出ると、「中内さんはああいうふうにおっしゃっていたが、人脈なんか引き継げるもんか。俺はお前をいろいろなところに連れては回るが、人脈は自分で作れ」。

私は、唖然とした。オーナーの要求に、この人は応じないというのか。根本さんはそんなことも気にせず、矢継ぎ早に自身の考えを続けた。

「そもそもこのチームは全部変えんといかん。今のままじゃ、同好会だ。大きなトレードをやって、血を入れ替えるぞ」

南海時代の1978年以来、チームは15年連続Bクラスに甘んじていた。大手術が必要だというのだ。

「チームを強くする上で大事なのはスカウティングだ。本気で強いチームをつくれるスカウトが必要だ。自分の報告ばかりしてくるやつは信用するな。『どこそこの山奥に、150キロの球を投げる高校生の投手がいる』とか言うやつがおったら、右投げか左投げかと聞いてやれ。実際に見に行ってなかったら答えに詰まるはずだ」

「俺が監督をやっとる間は、チームは勝たせせんからな。勝つための基礎を作る。それは覚えておけ。俺の後は、ワンちゃん（王貞治）に監督をさせる。ホークスがどうとかじゃない。プロ野球の人気を盛り返すためには、中内さんがせっかくこんな立派なもの（福岡ドーム）を作ってくれたんだから、ワンちゃんを監督に呼んで、長嶋が巨人の監督をしとる間に、20世紀中に日本シリーズでON対決をやるしかない。それしか手はないんだよ」

翌93年に発足するサッカー・Jリーグが急速に盛り上がっていた。反面、プロ野球の人気は陰りを見せていた。そして、長嶋さんが来季から巨人の監督に復帰する——。

根本さんは、はるか先を見据えた上で、王さんを監督に招こうというのだ。「こういうのは本来、コミッショナーがやるもんなんだよ」とつぶやきながら、球界全体を盛り上げることを常に考えていた。なんとスケールの大きな人だろう。そのダイナミックな発想に、私は圧倒された。

「ワンちゃんをそのうちお前に紹介するから、口説こう」

それが根本さんとの出会いだった。

根本さんの監督就任と同時に、私は球団本部副本部長の任に就いた。

驚いたのは、根本さんがコーチに対して「選手が聞いてくるまで何も教えるな」と言ったことである。練習では、コーチは遠巻きに選手を見るだけ。ただし、選手の動きをしっかり見て、「聞かれたら教えられるように、準備だけはしておけ」とも指示していた。選手が自分の頭で考えてプレーすることを求めたのだ。

一方で、選手寮で食事をつくったり、清掃をしたりしている女性スタッフを大事にしていた。シーズン中には、5人ぐらいずつ交代でチームの遠征に同行させ、一緒に食事をして、ねぎらった。スタッフの交通費や宿泊費などは、すべて根本さんのポケットマネーでまかなっていた。彼女たちは日常的に選手と接していて、フロントや首脳陣が知らない「素顔」を見ている。選手一人ひとりの性格を把握している。日頃から彼女たちを大切にしておけば、必要が生じた場合に選手について話が聞けるし、チームづくりに生かせるというのだ。

「こういうことが大事なんだよ」と根本さんは私に言い聞かせた。その幅広い視野に教えられながら、常勝軍団への道を追い求めていくことになる。

●テーマパークに学び、球団経営に尽力

福岡の地に根づくためには苦労したが、球団1年目の観客動員は、それなりの数字を残していた。チケット収入を含め、売上は年間40億円ほどに達した。だが、それでも採算は合わず、25億円の赤字を計上していた。

中内さんからは、「ダイエーグループから球団に補填できるのは年間20億円までだ。あとは、おまえたちで何とかしろ」と言われていた。

それまで球団の経営は、もっぱら親会社が担っていた。南海ホークスの時代は、球団事務スタッフは3人ほどしかいなかったぐらいである。ところが、ダイエーは、球団を一つの事業体としてとらえていた。

さて、残り5億円をどうやって稼ぎ出すか。チケット収入には限界がある。それ以外の事業を充実させなければいけないと考えた。

アメリカのディズニーランドについて学び、韓国のロッテ・ワールドを実際に訪ね、テーマパークの経営ぶりをつぶさに見て、参考にした。テーマパークでは終日、さまざまなイベントで客を楽しませている。男性だけでなく、女性や子どもも楽しめる企画を考えた。

球場外にも飲食や選手グッズの販売、プロ野球やホークスの歴史展、福岡の観光名所案内などの展示コーナーを設け、同時に女子トイレを増設した。森口博子さんら地元・福岡出身の歌手やタレントを招いたイベントも開催、球場内外で働く女性スタッフを増やした。25メートル×40メートルの超大型ビジョン「SONY ジャンボトロン」を平和台球場のセンターバックスクリーン横に設置した。

ファンクラブも設立した。会費をいただくだけでなく、会員の特典を「見える化」し、ファン感謝デーといったイベントへの優先参加を謳い、サイン会なども開催した。

次に、テレビの放映権である。関東や関西では一部の有名球団を除いて、テレビではあまり扱ってもらえない。だが、福岡のテレビ局は中継に積極的だった。フジテレビ系列のTNC（テレビ西日本）には、毎日5分間、「とべとべホークス」という番組を放送してもらった。選手が毎回、出演してチームのPRをし、そこにスポンサーが付く。付いたスポンサーには、球場に看板を出してもらったり、試合協賛をしてもらったりした。

福岡にとどまらず、九州一円からお客さんに来てもらおうと、バスツアーも企画した。鹿児島や宮崎、長崎など九州の他県の球場でも試合を開催した（福岡ドームができてからは、2軍の試合を九州各地で行った）。

地元財界への働きかけも続けていた。シーズンオフに選手とのゴルフ会を設けたり、球場に広告看板を出してほしい、年間シートも購入してほしいと掛け合った。辛子明太子の製造販売で知られる「ふくや」の社長などから協賛金をいただき、多くの試合にたくさんのファンを連れて観戦に来てくれた。

こうした地道な活動が、やがて実っていく。福岡ドームが完成すると、財界も積極的に応援してくれるようになった。ドレッシングなどで知られる食品メーカーの「ピエトロ」をはじめ、福岡地所、麻生セメント、九州電力、西部ガス、太宰府天満宮など地元の錚々たる会社や組織が選手の個人後援会に名乗りを上げた。その後、チームの主力として活躍する小久保、井口、松中、城島、柴原、村松、永井、星野らの後援会ができていく。多額の協賛金を提供し、観客動員にも協力してくれた。バックネット裏の見晴らしのいい「スーパーボックス」を、年間契約していただいた。

だが、チームの成績が伴わない。93年、700億円以上を費やして出来上がった福岡ドーム元年、根本監督の指揮1年目は最下位に終わる。45勝80敗5引き分け、勝率3割6分と低迷した。だが、根本さんは平然としていた。

しかし、期待を持って監督に迎え入れたのに成績が芳しくないと、気が収まらなかったのが、オーナー代行を務めていた中内さんの息子・正さんである。94年の年始早々、開幕の打順は自分が考えたと言い渡された。

「1番サード・松永浩美、2番指名打者・カズ山本……」

前年も打率3割を記録した強打者のカズ山本を2番に据えるなど、打撃のチームにしたいという。

「山本には絶対にバントはさせないでください」

オーナー代行とはいえ、現場のことにここまで口を挟まれては、たまらない。私は根本さんに「監督、どうですか?」と尋ねると、「OK! いいじゃないか」と言う。

オーナー代行と別れた後、根本さんに「ええんですか、ほんとうに」と言うと、「そんなことは、どうでもいいんだよ! 坊やの言うとおりにしてやったらいいじゃないか。それより、ワンちゃんと近々、会うからな」。

●王貞治監督、誕生へ

94年1月、東京・有楽町のフランス料理店で、根本さん、王さんと3人で会食した。根本さんは、持論を熱くぶつけた。

「Jリーグがスタートしてプロ野球の人気が落ちている。このままでは、Jリーグに抜かれる。この流れを変えるには、20世紀の間にON対決をやるしかない。長嶋が巨人で監督をやっている間に、ワンちゃんにうちに来てほしい。中内さんはそのために福岡ドームをつくったんだ。巨人と日本シリーズをやって、ON対決をしてくれ。そうしたら、野球界はまた盛り上がる。ワンちゃんしかいないんだ。ワンちゃんが、いいと思うチームをつくってくれたらいい。何でも協力する。金はいくら使ってもいい。監督になるのは俺のすぐ後でもいいし、3年後でもいいから」

母国・台湾の英雄でもある王さんにとって、アジアの拠点となる福岡でチームを指揮するのはふさわしいとも説いた。

だが、王さんは乗り気ではなかった。

「ありがたい話ですが、私は巨人しか知りません。セ・リーグの野球しか知らないんです。東京の人間ですし、福岡は遠すぎます。家内のこともありますから」

するとと、根本さんはうなずいた。

「わかった、ワンちゃん。俺は2月からユニフォームを着んといかんから、もう会えん。あんたが『イエス』と言うまで、この瀬戸山が説得するから、月に1回会ってやってくれ。それだけ、ここで約束してくれ」

王さんは「いいお返事ができるかどうか、自信はありませんが、それでもよければ」と了解してくれた。

翌月から、王さんと2人でこの店で会うことになった。

根本さんからは、「会うということは、可能性があるということだ」と言われていた。

王さんは現役引退後、巨人の助監督を務め、84年から監督に就任。チームを1度、優勝に導いたが、その指揮は5年間で幕を閉じた。退団後は、野球評論家のかたわら、少年野球の指導などに尽力していた。

「ワンちゃんも野球人だ。ユニフォームを着たくないわけじゃない。巨人の長男は長嶋なんだから、ワンちゃんは長男にはなれない。どこかで長男になる術をつくってやらないといかんのだ。そういう話を何度でも繰り返せ。あとは世間話でもいい。とにかく、しつこく行け」

「世界の王」と向かい合い、差しで話す。これまでにない緊張感だった。お酒を飲みながら、できるだけフランクに話をしてもらえるようにと心がけた。

とはいえ、向こうのほうが1枚も2枚も上手である。「大変な役割ですね。お気持ちお察しします」と逆に気遣われた。「瀬戸山さんはダイエーに入って、最初は何をされていたんですか？」、「野球のご経験はあるんですか？　プロ野球ではお名前を聞いたことがないんですが」と逆に質問すらされるほどだった。

こちらとしては、王さんに言うことは決まっている。根本さんの考えを繰り返し述べた。

「日本一のチームをつくるために、王さんの思うとおりにやっていただいて結構です。来年からでも再来年からでも構いません。最低5年、場合によってはもっと長くやっていただくつもりです。長期ビジョンで考えてください」

そう言いながら、「もう、お会いするのはやめましょう」と王さんに言われたら、覚悟を決めるしかないと思っていた。しかし、色よい返事はないものの、王さんは毎月会うことは了解してくれた。回を重ねるごとに、少しずつ気持ちが通い合うようにもなっていった。ダイエーのチーム状況について説明するかたわら、お酒や食べ物の話など雑談に興じた。

4月に会ったときだっただろうか、王さんの携帯電話のコール音が鳴った。

「おお、いわぽん？　今度行くから」

「いわぽん」とは、福岡ミノルタの創業者で、テニスの元国体選手の岩本さんである。王さんは、福岡在住の人たちとも親しくしているという。

「実は世界少年野球財団の仕事で福岡にもちょくちょく行くことがあって。知人はたくさんいるんですよ。九州は好きなんです。ただ、監督となると、また話は別ですけど」

王さんはそう言って、最後には口を濁したが、新たな局面が開けたと感じた。

5月には、「私も野球人なので、ユニフォームを着たくないということではない」とも言われた。6月には、「やっぱりユニフォームは着たい」と口にされた。そして、「次は瀬戸山さんと2人きりじゃなくても結構です」とも。

6月に会った後、こちらから電話で「次回は中内を連れてきてもいいですね？」と確認したところ、「いいです」と返事が来た。

7月のお昼時。王さんを迎え、中内切オーナー、中内正オーナー代行、社長室長、根本さん、私で東京の料亭で会食した。

中内オーナーが「来年から、根本さんの後を引き受けてください。とにかく強いチームをつくってください。チーム編成も含めて、すべて王さんにお任せします」と言うと、王さんは「よろしくお願いします」と答えた。これで決まった。王ダイエー誕生のレールがついに敷かれた。

かたや、94年は根本さんの指揮の下、チームは快進撃を続けていた。一時は首位を走るほどの勢いだった。ところが、根本さんは冴えない表情を浮かべている。

私が「勝つことは、いいことじゃないですか」と言うと、えらく叱られた。

「おまえ、何にも分かってないな。俺で勝っても何の意味もないんだよ！　ワンちゃんが来て、勝たんと意味がない。ＯＮ対決なんだよ」

結局、このシーズンは69勝60敗1引き分けで、4位に終わる。根本さんの顔は晴れ晴れとしていた。

「来年から、ワンちゃんが指揮を執る。お世話になったな」

●根本流のチーム編成

監督時代、球団本部長も兼務していた根本さんは、チーム編成において大鉈を振るった。

まず、93年11月、西武と3対3の大型トレードを敢行する。前年の首位打者で盗塁王の佐々木誠、エースの村田勝喜、左腕投手の橋本武広を放出し、西武から、9年連続30本塁打以上を放つなど主砲だった秋山幸二、速球右腕の渡辺智男、若手投手の内山智之を獲得した。

「中内さんには言うなよ。外に漏れるからな」

根本さんの厳命で、選手に伝えるまではオーナーに報告することなく、交渉を進めた。さらに、同年には、阪神から球界初のＦＡ（フリーエージェント）権を得たスイッチヒッターの松永浩美も獲得する。

王さんが監督に就任した翌94年の秋には、西武の石毛宏典と工藤公康がＦＡ移籍で加わった。石毛は攻守においてチームを引っ張ってきたベテランの内野手、工藤は最多勝や最優秀防御率など輝かしい成績を持つ球界を代表する左腕投手である。

80年代以降、常勝軍団として君臨してきた西武の選手を相次いで加入させることで、負け癖がついていたチームの体質を変えようと、根本さんは考えていた。

「強くするには、まずは野手を充実させなければならない」というのが、根本さんの持論でもあった。

「野手は毎日、試合に出るだろ。V9時代の巨人は、ファースト・王、サード・長嶋だった。お客さんのいるスタンドに一番近いところに、大スターを配置していたんだよ」

人気面でも野手の強化を促したのである。それは、トレードやFA移籍だけでは十分ではない。アマチュアのトップクラスの選手をドラフトで獲得し、チームの若返りを図るべきだと力説した。

そこで93年にドラフト2位で獲得したのが、小久保裕紀である。小久保は、青山学院大で活躍していたスラッガーで、92年バルセロナ五輪の野球日本代表にも唯一、学生として選ばれるほどの逸材だった。将来のスター候補として、ぜひとも欲しい選手だった。

私はこのとき、球団代表に就いていた。それまでは西武の球団代表でも腕を振るった坂井保之さんが代表を務めていたが、「フロントも若返るべきだ」という中内さんの意思で抜擢されたのだった。年齢も経験も満たない自分にはとても無理だと当初は断ったが、

「君しかいない。根本さんに付いて、やればいいんだから」と中内さんに請われ、引き受けた。

小久保の獲得は、中内さんの〝指令〟でもあった。当時は選手からの逆指名が認められていた時代。水面下で得た情報では、小久保は巨人入りが濃厚だった。残念ながら獲得は難しいと中内さんに伝えると、烈火のごとく怒られた。

「そんなこと言っとったら、いつまでたってもチームは強くならんわなあ。僕のところに小久保を連れてこい！　連れてくるか、君が辞表を出すか、どっちかでしょう！」

ここまで言われたら、後には引けない。私は編成会議で、スカウト陣に檄を飛ばした。小久保に伝手がある者はいないかと尋ねたところ、重苦しい空気の中、若手で、スカウトになったばかりの石川晃が手を上げた。

「少年時代の恩師なら知っています」

その細い糸を何とか手繰り寄せていくしかない。

「福岡ドームという新しい、日本一の球場ができる。王さんを監督に呼ぶ算段もしている。今は一番弱い球団だけど、これから強くしていく。君にチームの軸になってほしい。いっしょに強いチームをつくっていこう」

繰り返し、小久保とその恩師にこう訴えると、小久保の気持ちにも少しずつ変化が出てきた。中内さんと会ってもいい、と言い始めたのである。それでも、いざ面会となった上京当日、迷いが生じたのだろう。新幹線の車中で「やっぱり、ちょっと待ってください」と途中駅で降りると言い出した。そこを石川らが何とか説き伏せ、ついに中内さんとの面会が実現した。

すでに出来上がった強いチームではなく、自分が一からつくり上げていくことに、小久保はあらためて魅力を感じてくれた。彼の翻意にはさまざまな要因があったが、他人に迎合しない実直な性格が大きかった。逆指名で、ダイエー入団の運びとなった。

思えば、これは王さんを監督に招いたときと重なる軌跡でもある。

以後、ドラフトでは、城島健司、井口資仁、松中信彦、柴原洋ら優れた野手を次々と獲得する。根本さんの見立ての通り、後に小久保を中心に、彼らがチームの柱となっていく。

●王ダイエー、苦難の道のり

94年10月12日、王さんの監督就任が正式に発表された。秋山、工藤、石毛ら西武の黄金時代を支えた選手に、小久保、城島といった有望な若手が加入。さらに、王さんのたっての要望で、現役メジャーリーガーのケビン・ミッチェルも獲得。メジャーで本塁打王と打点王に輝いたことのある強打者が新戦力に加わった。王さんが新生ホークスをどう率いていくか。その手腕が注目された。

新しいシーズンを迎えた95年。王監督の決意にも並々ならぬものがあった。

「今年は絶対に勝つ。そのためのキャンプをする。ベテランも特別扱いはしない。徹底的に練習して、勝ち上がってこい！」

この年は、シーズン開幕前に阪神・淡路大震災が起きていた。ダイエー本体も兵庫県内に多くの店があり、相当なダメージを受けた。ただ、福岡拠点のホークスには震災の影響はなく、ダイエーグループの希望としてもホークスへの期待は高まっていた。

ところが、オーストラリアでの春季キャンプは雨にたたられる。気温も予想以上に高く、選手たちはコンディションの調整に苦労した。西武との開幕戦では、ケビン・ミッチェルが初回満塁からいきなり本塁打を放つなど華々しいスタートを切ったものの、その勢いが続かない。キャンプでの調整不足も災いしたのか、カズ山本ら主力選手にけが人が続出。負けが先行し始め、選手たちもうなだれる場面が増えていった。

王監督の目には、チーム全体に闘争心がないと映ったのだろう。敗戦後のミーティングでは、怒声が響いた。

「おまえたちは、負けて悔しくないのか！　巨人はこんなんじゃなかった！」

選手時代、王さんはホームランの記録を数々と塗り替え、「世界の王」と言われた人である。チームも9連覇を果たすなど常に勝ってきた。監督としても、87年に巨人をリーグ優勝に導いた。勝つために、厳しい野球を続けてきた王監督にとって、負けに慣れたように見える選手たちは許せなかった。監督に叱責されても、何も言い返さず、うつむいてばかりいる選手たちが、気に入らなかった。

試合中に、怒りをあらわにすることも珍しくなかった。あるゲームでのこと。1死三塁の場面で、王監督がスクイズのサインを出したところ、三塁コーチが何度もタイムを取り、ベンチに戻って、サインを確認する。挙句の果てに、スクイズは失敗して、バッターは三振。三塁ランナーもアウトにされ、一瞬にしてチャンスは潰えた。王監督は気が狂わんばかりに、トレーナー室の椅子を激しくぶつけた。

私が球団代表として、日本野球機構（NPB）理事会や実行委員会などで球場を空けると、「そんな会議とチームと、どっちが大事なんですか」と詰め寄られることもあった。

ストレスを抱えて指揮を執る王監督を案じ、中内さんが「ゴルフボールと部下は頭叩かず尻叩け」と色紙にしたため激励をしたほどだった。私がそれを預かって手渡したが、王監督は「この世界は、そんなんじゃない！」と声を荒らげた。

結局、95年のシーズンは54勝72敗4引き分けで、5位で幕を閉じる。

翌96年も開幕から負けが続いた。そして、5月9日、とんでもない「事件」が起こる。

今はなき大阪・日生球場での近鉄戦だった。ここまでダイエーは、9勝21敗と低迷していた。試合前の練習では、グラウンドに観客から発煙筒が投げ込まれた。ダイエーの応援団が集まるレフト側の外野席には、「王ヤメロ」の横断幕が掲げられ、その下に小さく「瀬戸山もヤメロ」とあった。結果は0－9で惨敗し、4連敗。そして試合後、怒りが収まらないファンが、バスに乗り込もうとする監督、コーチ、選手に生卵を投げつけた。さらにバスを取り囲み、フロントガラスにも次々とぶつけていく。屈辱的な行為を受けながら、王監督はバスの中で選手たちに訴えた。

「みんな、よく聞け。負けてばかりだから、こんなことをされるんだ。悔しかったら、何としても勝とうじゃないか」

この言葉を最も重く受け止めていたのが、前年（95年）に28本塁打を放って、ホームラン王に輝いた3年目の小久保裕紀だった。「監督が言っていることは、当然のことですよ」と私に話しかけてきた。

そんな小久保を軸に、選手たちは「常勝軍団」へと歩みを進めていくことになる。

●原動力は若手の勢い

チームは苦闘が続いた。96年は最下位、97年も4位に終わる。

さらに97年2月、6球団の選手が関わった脱税事件が発覚。小久保をはじめダイエーの選手5人も関与していたことがわかった。当時、私は球団本部長だったが、その年はチームの試合にはほとんど立ち会えず、翌98年に判決が出るまで対応に追われた。そして、中内正オーナー代行から、管理責任を取る形で解任される。

その後、中内功オーナーの指示で、ホークス退団後、メジャーに挑戦したいという松永浩美に同行して渡米。オークランド・アスレチックスのキャンプに参加したが、残念ながら入団はできなかった。帰国後はホークスの仕事から離れ、東京本社の社長室付きに異動となったが、98年11月にダイエーを退職する。

ところが、自宅のある福岡に戻った矢先に、チームのスパイ疑惑が発覚した。球団職員がアルバイト学生に金銭を渡し、相手捕手のサインを選手に伝えていたと新聞で報じられたのである。

私は中内さんに請われ、「特命担当」として球団専務の根本さんとともに、その対応に奔走した。パ・リーグ特別調査委員会からは、「疑惑を完全に払拭することはできない」と報告された。その責任を取って、球団社長は辞任。99年から、根本さんが球団社長に就任する。「おまえ、もう帰ってこい。中内さんに言ってやるから」と言われたが、私は躊躇した。そして、その1週間後の4月30日、根本さんは急性心筋梗塞で突如、亡くなってしまう。

球団にとって、非常事態である。オーナー代行の中内正さんから、「根本さんが命をかけて、あなたをホークスに戻そうとしたのだと思う。ぜひとも戻ってきてほしい」と懇願された。迷ったが、そこまで言われたらと意を決した。

こうして、私は99年6月、ホークスに戻り、球団本部長の任に就くことになる。現場から2年ほど離れていた間に、王ダイエーは強くなっていた。98年には、勝率5割で同率3位にまで浮上していた。

誰よりも練習し、誰よりも野球のことを考え、勝利への強い気持ちがある選手の集団をめざすことこそが、「王イズム」だった。選手には常に高いプロ意識を求めた。

「われわれはゴールデンウィークであっても、遊園地には行けない仕事をやっているんだ」

そんな厳しくも、真剣な姿勢に共鳴したのが小久保だった。「尊敬する王さんといっしょに野球ができることが幸せ」と不調にあえいだときも、誰よりもバットを振って、期待に応えようとしていた。小久保に引っ張られるように、選手たちは監督に言われなくても、チームの勝利のために主体的に動くようになっていた。

王監督は「グラウンドに出たら、新人もベテランもない」と、若手を積極的に起用した。95年入団の捕手・城島、97年入団の井口、松中、柴原らが経験を積み、強打者として台頭した。城島は王監督が出したサインと自分の考え方が違うと、「何でですか」と反論することもしばしばだった。互いに野球を真剣に考えているからこそ、刃向かう勢いのある選手を王監督は歓迎した。そんな意気盛んな若手がチームの核となった。

いずれも根本さんが獲得してきた選手ばかりだった。その根本さんが急逝し、「根本さんのために」とチームが結束したことも大きな力になった。

この年の9月、福岡ダイエーホークスは、初めてパ・リーグの優勝を果たす。翌月には、中日との日本シリーズを制し、日本一になった。

●「ON対決」、そして常勝軍団へ

ホークスは翌2000年も順調に勝ち続け、2年連続の優勝を果たした。そして、セ・リーグは長嶋監督率いる巨人が優勝。根本さんが念願していた「ON対決」が、ついに日本シリーズで実現することになった。

「20世紀の間に、ON対決をしなければいけない」という根本さんの言葉に、ギリギリ間に合った。その当の根本さんが、もうこの世にはいないことが返す返すも残念だった。

巨人のV9を支えたスター、長嶋と王がセ・パの王者を率い、雌雄を決する。プロ野球ファンのみならず、多くの人が注目した。

ただし、残念なことがあった。ダイエー側の不手際で、日本シリーズ期間中に本拠地・福岡ドームを医学関連の学会に貸し出すことが決まっていたのだ。私たちフロントはその対応に当たった。このときの巨人・山室寛之球団代表の尽力には感謝しかない。

その結果、1、2戦を巨人の本拠地・東京ドームで行い、移動日なしで、3戦目が福岡ドームという3連戦を行う。そして、2日間をはさみ、4、5戦が福岡ドーム、再び移動日なしで6、7戦が東京ドームの4連戦で開催する運びとなった。こうして前代未聞の変則日程で、日本シリーズの火ぶたは切られた。

1、2戦はホークスが連勝。しかし、その後に4連敗を喫し、長嶋巨人に日本一の座を明け渡した。いちばん悔しがったのは、王監督だった。東京のホテルで声を上げて、涙を流していた。だが、そんな勝利への執念が、ホークスを「常勝軍団」に導いていったことも事実である。

2003年には、王ダイエーとして3度目の優勝を果たし、阪神を破って再び日本一になった。

ところが、2001年に経営状況の悪化から「時代が変わった」としてダイエー本体を退いた中内㓛さんは、すでにこの時点でグループ会社全てから退いていた。私も「プロ野球の世界で、それなりの仕事ができた」と感じ、退団を決意した。

チームの快進撃が続くかたわら、03年、小久保はオープン戦で右ひざなどに大けがを負い、そのシーズンは全く復帰できなかった。けがの治療をめぐり、球団社長が小久保を冷遇。無償トレードで巨人に移籍するという結果になってしまった。

彼にそれを通告するのも、私の仕事だった。つらかったが、心を鬼にして切り出した。

「僕もダイエーでは、これで終わりだから」と伝え、ともにホークスから去ることになった。

●中内切さんから教わったこと

王監督誕生から私がダイエーを去るまでに、中内切さんとは一対一で何度も話した。正確に言えば、ほとんどは叱責されていた。だが、そこから学ぶことは多かった。

負けが続いた王監督の1、2年目、中内さんもいらだっていた。王監督がファンに生卵を投げつけられたときも現場ではなく、私を叱責し続けた。

「監督にこんな思いをさせるのはフロントの責任だ。連敗しない仕組みを考えて報告しろ！」

そんな仕組みはすぐに見つかるはずがなかったが、私はコーチやスタッフと連日、朝方まで議論しながら打開策を練った。議論が白熱し、コーチ同士でつかみ合いの喧嘩になることも珍しくなかった。

ただ、各自のアプローチの方法は違っても、勝利への思いは一つだった。フロントも現場のことを最優先に考えた。99年の初優勝はそういったすべての関係者の努力の積み重ねの結果だったと解釈している。

98年、選手の脱税事件をめぐり、管理責任を取る形で球団本部長を解任され、記者会見を受けた直後にも、中内さんから電話が入った。「すぐに僕のところへ来い！」

私の顔を見るや、こう切り出した。

「君がまるで、人殺ししたみたいになってしまったなあ。着任しなくていいから、僕のところにいて、いろいろ勉強しろ」

既に関連会社への異動は決まっていたが、中内さんの意向で「本社社長室付」に就いた。だが、赴任して8ヵ月たったころ、そろそろ福岡に帰りたいと思った。このままの状況で、ずっと過ごせるわけでもないし、いずれダイエーの中で新しい部署に着任するのも何か面倒に思えたからだ。ここは中内さんに感謝しながらダイエーを去ると決めた。とはいえ、新たな働き口が決まっていたわけではない。

しかし、「就職先も決まっている」と具体的に会社名を挙げないと、中内さんは認めてくれないだろう。そこで、ダイエーホークス草創期から力になってくれた福岡青年会議所の中尾達弥さんに一肌脱いでもらった。中尾さんが経営する会社に入るということで口裏を合わせ、2人で中内さんに「事情」を説明した。

すると、中内さんは「ならば僕と個人的に契約しよう。別の仕事もしてくれていい」という。私は「そんなことは……」と絶句してしまったが、中内さんは「僕がええ言うとるんやから、ええやないか」の一点張り。その場は結論が出ないまま終わってしまったが、結局、後日、契約を結ぶことになった。今思えば大変ありがたい話である。

2003年、今度は本当に私がダイエーを去る前に、神戸のメリケンパーク・オリエンタルホテルで2人で食事をした。

「これからは、福岡の九州丸一食品さんにお世話になって、辛子明太子を中心とした海産物を扱います」と伝えると、「辛子明太子の発祥は韓国だ。いつか2人で行ってみよう」と言われた。そして、「2003年も日本一、お疲れさん」と握手をしてくださった。「日本一の肉のバイヤーになる」と意気込んで入社した私を慮ってのことだろう。肉の話にも花が咲いた。中内さんのやさしさに、改めて感謝した。残念ながら韓国行きは実現しなかったが、一生の思い出になっている。

1999年の中日との日本シリーズ、日本一を決めたナゴヤドームでの試合終了後、中内さんは、いの一番にレフトスタンドに向かっていった。ホークスのファンに御礼の挨拶をしたのである。王監督はじめ、私たちもあわてて後を追った。

球場では常にグラウンドコートをまとい、帽子に運動靴を身につけた。お世辞にも上手とは言えなかったが、キャッチボールも好んでいた。かつて投手として南海などでプレーしたことがある上田卓三マネジャー（当時）がボールを受け、私は中内さんにボールを渡す役目をしたものだった。

阪神・淡路大震災のときは、それを東京の自宅で知った中内さんはただちに物資を被災地に送るよう陣頭指揮した。「被災者のために明かりを消すな。客が来る限り店を開け続けろ。流通業はライフラインや」。そして、地震発生3日後には、自ら神戸に乗り込み、あらゆる手段を駆使して被災地への物資の迅速な供給を実現した。中内さんにしかない「中内哲学」がそこに存在したのである。しかし一方で、この地震で関西発祥であるダイエーが受けた金銭的被害は甚大だった。バブル崩壊による業績の凋落に拍車をかけることとなったのも事実である。

中内さんは「経営者として失敗した」と評価されがちだが、権力を好まず生活者を愛する姿勢、人間味や温かさなどを兼ね備えていた人だったと思う。そして、あるときは、夢の実現のためには、そろばんを度外視するロマンチストでもあった。常に「現場主義」を貫いた人でもあった。

野球では、これまでにない、清く正しく美しく、そして強い球団をつくり上げようとした。日本一の球場をつくり、「地方の時代」を先取りし、東京から遠く離れた福岡で「ダイエーホークス」というプロ野球チームを誕生させた。そのために、根本さんと王さんの力を120パーセント引き出した。すべての生活者に夢と希望と元気を提供し、野球の発展を通じて、この国をさらに豊かにしようと考えていた。

そんな中内さんの教えを受け継いだ者たちが、「中内イズム」を胸に秘め、今もさまざまな分野で活躍している。私がホークスの仕事に就いた頃の上司で、現在は福岡工業大学理事長を務めている鵜木洋二さん。関東地方のスーパーマーケット・チェーン、カスミの社長を長く務め、今は会長の小浜裕正さん。そして、ファンケルの社長を務め、現在は副会長の宮島和美さん、レコフの社長・会長を務めた恩地祥光さんら錚々たる顔ぶれである。私も中内さんの教え子の一人であることに、誇りを持っている。

出会った人の中から

中尾達弥

福岡ダイエーホークス時代、ほんとうに多くの人たちにバックアップしてもらった。福岡市の桑原市長、友池助役をはじめ市の職員たち、ふくやの川原社長、ピエトロの村田社長ら財界の人たち、福岡青年会議所の小林理事長、司法書士の村山氏ら名前を挙げ出したら、きりがない(肩書きはいずれも当時のもの)。

その中で、常に私の近くで支えてくれたのが、OA機器などを扱う会社、オーエーメディア福岡の中尾達弥社長である。

1988年10月に誕生したホークスがまだ地元に受け入れてもらえなかった頃、地域密着策の一つとして、私は、球団誘致活動の先頭に立っていた福岡青年会議所(以下、福岡JC)の一員になった。そのとき、同期入会した一人が中尾さんだった。

福岡JCは「アジア太平洋こども会議・イン福岡」を運営するなど、とても活発に活動しており、私も中尾さんたちといっしょに精いっぱい手伝った。長崎県佐世保市出身の中尾さんは、子どもの頃から大の西鉄ライオンズのファンで、平和台球場によく通っていたという。福岡JCの「ホークス支援活動」も積極的に担い、誰にも負けないホークス・ファンとして献身的に応援を続けてくれた。

福岡ドームでの試合が始まり、「中尾が試合に来ると、負ける」というジンクスが続いたことがある。本人は内心つらかったと思う。久々の勝利を見届けたときの涙は、印象に残っている。

98年秋、ダイエー本社社長室付だった私が、そろそろ福岡に戻りたいと思ったときも、最初に相談したのが中尾さんだった。中内オーナーに直談判するときも同行して、ひと芝居打ってくれた。

2003年、阪神との日本シリーズのときも、99パーセントが阪神ファンの甲子園球場に応援に駆けつけてきた。ホークスのユニフォーム姿に、メガホンを持っていた。私が見ていたネット裏の席からも試合中、彼らの姿は目立った。阪神ファンに囲まれ、心細くもあっただろう。

私がロッテに移ると、本気でロッテ・ファンになり、千葉マリンスタジアムやキャンプ地まで応援や激励に来てくれた。そして、オリックスの仕事を始めると、今度は京セラドーム大阪やキャンプに何度も足を運んでくれた。

頑固で、曲がったことが大嫌いな男に、これほど支えられてきたことは感無量である。

出会った人の中から

中内 正

2000年秋、福岡ダイエーホークスは、中内㓛さんの後を継ぎ、オーナー代行の正さんがオーナーに就任した。

正さんは㓛さんと同じく、現場を大事にし、首脳陣や選手、また、われわれフロントともコミュニケーションをよく取った。大変にロマンチストであり、そして、野球が大好きな人である。

オーナー代行時代には、自球団のみならずプロ野球界全体の改革案をオーナー会議等に提案していた。球界全体でビジネスをする必要性や、球団と球場が一体となった改革など、正さんが唱えたことは、現在も野球界の大きなテーマになっている。

当時、正さんと私は、ともに40歳前後と若く、年が近かったこともあり、議論が行き過ぎて、けんか腰になることもしばしばあった。今思えば部下であり、年上の私が、もう少し冷静に大らかに対処すれば済んだことも多々あっただろう。㓛さんから「二人は一緒に仕事しとるんやから、もっと仲ようせんとあかんわなあ」と言われたものだった。

だが、1999年4月、根本球団社長の急逝の後、私をホークスに呼び戻してくれたのも、正さんだった。「一度辞めた人間に声をかけるとは何事だ」という周囲の反対を押し切って、自らの意向を貫いてくれた。

そして、この年、ホークスは日本一を勝ち取った。ハワイへの優勝旅行の前、正さんは私の家内に電話をかけてくれた。「奥様が大変ご苦労されたので、ぜひハワイへご一緒に」と言葉をかけてもらった。節目節目で球団職員とその家族を招待して、「ファミリークリスマスパーティー」なども催していた。

2017年12月、久しぶりにお会いしたら、「あの頃は大変だったけど、本当に楽しかったな」と言われたのは、感慨深かった。

思い出の中から

博多祇園山笠

1999年の日本一、2000年のON対決を経て、福岡ダイエーホークスは弱小球団を抜け出し、全国区に近づき始めた。同時に、球団代表である私は、地元企業を中心に講演などにお呼びがかかる機会が増えた。

そんなとき、博多祇園山笠の集団山見せの台上がりをさせていただくことになる。2002年7月13日のことだった。

「博多祇園山笠」は、「博多どんたく」とともに博多を代表する祭りである。7月1日の「注連《しめ》下ろし」から7月15日の「追い山笠」まで、多くのスケジュールをこなしていく。メインは7月15日午前4時59分から始まる「追い山笠」だが、同時に毎年、注目されるのが、13日午後に行われる「集団山見せ」。明治通りの呉服町交差点から天神の福岡市役所まで、約1・3キロが「舞台」となる。この日に限り、地元の名士になった証しとされる「知名士」が台上がりを務め、棒さばき役の各流れ総務ともども、舁《か》き手を叱咤激励する。

私が台上がりする西流れの山には、俳優の北大路欣也さんも一緒だった。ご挨拶させていただくと、「王さんにくれぐれもよろしく」とおっしゃった。北大路さんがホークス・ファンかどうかは聞かなかったが、王さんファンであることはまちがいない。「王さんが来られて、ホークスも強くなりましたね」とも言われた。

呉服町交差点でのスタート前には、山の上で男の子の赤ちゃんを何人も抱っこして、写真を撮った。縁起物なのだろう。私はまるで、お相撲さんのような気分になった。天神の福岡市役所近くに達すると、山の上の私に「ホークス、今年も優勝ったい！」「瀬戸山代表がんばれー！」と沿道の人たちから声がかかった。

前後の神事なども含め、朝から晩まで忘れられない一日となった。

この日は何度かのご挨拶で、「福岡ダイエーホークスをさらなる常勝軍団へ」と皆様の前で誓い、お約束をした。そして、私の誓い通り、ホークスは常勝軍団となったのである。

(左上３枚) 1993年に完成した福岡ドーム（現・福岡ヤフオク！ドーム）。球場内外でファンが楽しめる企画を考えた。
(右上) 博多祇園山笠の集団山見せで台上がりを務めたことも（2002年、左端が私）。
(下) 王監督と。就任後しばらくは苦しい戦いが続いたが、持ち前の厳しい指導でホークスを常勝軍団に導いてくれた。

（上）選手たちとの記念撮影。最前列中央が中内㓛オーナー、その右隣が中内正オーナー代行。ピースサインで応じているのは、漫画家の水島新司さん（右端が私）。
（下）根本陸夫さん（左）には、チーム編成をはじめフロントの仕事について学ぶことばかりだった。（写真提供：東京スポーツ）

第2章 ロッテ編

●ロッテの球団代表に就任

ホークスを退団した後も、私は住み慣れた九州に骨を埋めるつもりだった。チームのスポンサーでもあった地元・福岡の海産物食品会社「九州丸一食品」のオーナーから「後継者を探している」と懇願され、お世話になろうと思った。辛子明太子やとんこつラーメンなどを製造・販売している会社である。常務の役職が記された名刺まで用意してもらっていた。

そんなある日、阪神タイガースの野崎勝義社長から、「ダイエーを辞めた後はどうするのか。阪神の改革を手伝ってくれないか」と声がかかった。丸一食品のオーナーにこのことを報告すると、烈火のごとく怒り出した。早くから私を気にかけてくれていたので無理もない。阪神の話は断らせてもらった。

すると、今度はロッテの幹部から「球団代表としてお迎えしたい。ぜひ会ってほしい」と電話があった。私は「常務の名刺を見せて断りますから」とオーナーに伝えると、「君はほんとうに球界から求められているんだな。なら、行ってよか」と逆に背中を押してくれた。

こうして、2004年3月、私はロッテの球団代表に就任する。重光武雄オーナーからは、「なぜ福岡（ダイエー）はあんなにお客が入るのか。なぜあんなに賑やかなんだ」と尋ねられた。当時の福岡ドームの観客数は年間200万人超、それに対して千葉マリンスタジアムは100万人に届かない程度であった。私は、運営面などから「まず球場が違います……」と答え始めると、「座席数が10倍違うとでも言うのか」と強く問いつめられた。「恥ずかしい話だが、うちは年間の売上が20億円、赤字は40億円だ。これではプロ野球の球団は持ちこたえられない。赤字を20億までにしてほしい」と要望された。

重光オーナーはさらに、「ダイエーの選手たちはなぜ、あんなにはつらつとしているのか」とも言った。

「お客さんがいっぱい集まって、応援してくれれば、選手の力になるんです。100持っていた力が120発揮されることもあります」と私は答えた。

ロッテは前年まで8年連続Bクラスと低迷していた。チームを強くして、球団の収支を整え、千葉の人たちの元気の源になる。やりがいのある仕事だし、チャレンジしたいと思った。

●「ふるさと球団」として地域に根づく

球団のフロント陣は非常に真面目だが、おとなしそうに見えた。ロッテ・グループの中で仮に順位をつけると、球団の経営状況は最低だった。「自分は、いちばんダメな会社に配属されている」という意識が、暗黙のうちにスタッフの間に漂っていた。

代表就任後、すぐに千葉県の知事や首長を訪ねても、反応は冷ややかだった。

「ああ、ロッテねえ……。ロッテの人が会いに来たのは初めてだよ。でも、このあたりって、みんな巨人ファンなんだよなあ。私もサッカーの方が好きだ」

地元のテレビ局からも「人件費のかかる野球中継より、地元漁師のカラオケ大会の方がよっぽどいい」とまで言われる始末だった。

グループの中でも、地域からも相手にされず、フロントは完全に自信を失っていたのだ。ここから何とか変えていかなければならない。社員全員を改革の同志として、同じ目的に向かって歩んでいく体制をつくろうと考えた。

フロント全員を集め、かつて中内さんが口癖のように言っていた「顔出せ　声出せ　頭下げ」と訴えた。ファンを増やし、チームを強くしていこうと呼びかけた。

まずは実績を上げて、彼らに元気を出してもらおうとアイデアも振り絞った。「ドリームシート」と称して、シーズン後半から観戦でき、日本シリーズ進出時の座席も確保できる特別シートを企画。球場近隣の飲食店と連携して「ロッテが勝てば、焼き鳥1本サービス」といった特典も編み出した。

そして、経理の女性まで含めて、フロント全員が営業に出るよう促した。売上のノルマは設けなかったが、1日のうち最低1回は外に出て、ロッテに対する意見を聞く、球団を売り込むといったことを始めた。ポスターもつくって、いろいろなところに貼ってもらった。たとえ、バカにされても、みんなで動けば、地域の人たちの球団に対する見方が変わる。ひいては、売上にもつながっていくと考えた。

ファンクラブの会員は、スタジアムのある浦安市から西の東京側の人は極端に少なく、浦安市から東側や南側の千葉県内の人が大半だった。千葉県は人口もそれなりに多く、県内だけで商圏として十分に成り立つはずだ。

そこで、市原市や茂原市、成田市、鴨川市、富里市などで、地域ごとの後援会を立ち上げた。各地で2軍の試合を行ったり、1軍のホームゲームで年2回ほど各地域の日を設けたりした。たとえば「成田デー」では、成田市長をはじめ市民がバス何台かを連ねて球場に足を運び、試合前には選手と交流する。地元企業が試合を協賛し、成田のことをＰＲしてもらう。「ふるさと球団」として、千葉に密着したチームをめざした。

選手を取り巻く環境も、他チームに比べて劣っていた。浦和（埼玉県）の選手寮での1日の食事を調べたところ、栄養価は２０００キロカロリーにとどまっていた。伸び盛りの若いスポーツ選手のメニューとしては、あまりに貧弱だった。

それは、ダイエーホークスが誕生した頃を彷彿とさせた。「カロリー計算をして、栄養士を配置しろ。選手はどんなものを食べるのがいいのか、ちゃんと考えんと、勝てんわな」という中内さんの言葉がよみがえった。選手寮の食事は、専門の栄養士を付け、改善させた。

寮で生活する選手にとっては、千葉マリンスタジアムでの試合に臨むのも大変だった。移動には、車や電車で片道1時間半〜2時間を要する。たとえばナイターの場合、午後2時に球場に集合と言われれば、正午には寮を出なければならない。試合が終わって寮に着くのは、深夜になってしまう。

特に控えの選手は1軍に帯同すると、自分の練習時間を確保するのが難しい。全体練習はレギュラー陣がメインでこなすため、全体練習の前か、試合後に練習するしかない。だが、こんな長時間の通勤では、それも容易ではない。

選手たちをコーチともども、球場近くのホテルに宿泊させることにし、そこで生まれた時間を練習に当てるよう促した。何も言わなければ、おそらく選手は自腹でホテルに泊まるだろう。だが、球団が費用を負担した。「フロントは俺たちに期待してくれている」と選手は意気に感じ、モチベーションも上がる。

スカウト部門の予算も増額した。学校は交通の便が良くない場所にあることが多く、スカウトが視察に訪れる際にはタクシーが不可欠なのだが、それまでロッテは予算がなく、スカウトは路線バスを利用していたのだ。タクシーが使えないようでは他球団と対等に戦えない。スカウトが全力で仕事ができる体制を整えた。いずれも、チーム強化には必要な改革だった。

赤字を減らすには、経費はできるだけ抑えなければならない。しかし、チームの根幹となる部分まで経費を削ってしまえば、勝てなくなるだろう。勝てなければ、お客さんは集まらず、赤字が増える……という悪循環に陥ってしまう。球団の経営を立て直すには、必要な経費はしっかりかけ、売上を増やさなければならないのだ。

●テーマパークのようなスタジアムを

ホークス時代から不思議に思っていたのは、千葉マリンスタジアムの周囲は試合当日でも静まり返っていることだった。球場に入ると、一部のコアなファンがライト側のスタンドで応援しているのだが、それ以外は閑散としている。重光オーナーが嘆くはずである。

理由はすぐにわかった。球場は千葉市の建物であり、「千葉マリンスタジアム社」という第3セクターが運営し、土地は千葉県が所有していた。そのため、球場はいわゆる公園の扱いとされ、一切の営業活動に縛りがかかっていたのだ。

球場の外壁に試合日程のポスター1枚を貼るのにも、市の決裁が必要とされ、許可されるまで1～2週間かかった。球場外で屋台などを出して営業活動をするにも、県に事前に申請したうえで許可を得なければならない。臨機応変にイベントも打つことができず、何もしないから、球場の周囲は活気がなく、お客さんも集まらない。この悪循環を変えなければならないと思った。

まずは、球場の外での営業活動が自由にできるように、知事や市長のもとへ何度も足を運び、こう訴えた。

「今のプロ野球は、札幌と福岡、東京と大阪など地域対抗になっています。このままいくと、『千葉は遅れている。千葉県の知事や市長は何をしているんだ』という話になりますよ」

２００４年には球界再編騒動も巻き起こっていた。首長たちが「このままではロッテが千葉からいなくなるかもしれない」と危機感を抱いていたことも、われわれにとっては追い風となった。規制緩和は進み、日程のポスターは許可がなくても貼れるようになった。球場の前にステージを設け、イベントもできることになった。

とはいえ、収益の仕組みを変えないことには、根本的な経営改善にはならない。当時、球場と球団の契約が不平等で、球団がどれだけ稼いでも、その大半は球場に持っていかれていた。たとえば、チケットの売上は75パーセントが球団に入ったが、25パーセントは球場が持っていき、広告看板や飲食の売上に至ってはすべて球場の取り分。広告収入は年間10億円ほどあったはずだが、そのうちチーム強化費として、わずか５０００万円を恵んでもらうのみ。これでは球団の収支が改善するはずがない。

千葉市に粘り強く働きかけ、２００６年、球場の運営管理について指定管理者制度(＊)の導入にこぎつけた。公募の結果、われわれロッテ球団が指名を受け、以後、自前で球場を運営できることになった。千葉市に管理料を支払うかわりに、広告収入や飲食売上などはすべて球団に入るようになったのである。球団社長・濱本英輔さんの尽力も大きかった。大蔵省（当時）出身で、国税庁長官を1年務めた経験もあり、そこで培った人脈を生かし、働きかけてくれた。

環境が整ったことで、球場内外で積極的にサービスを展開できるようになった。東京ディズニーランドをはじめとしたテーマパークの場合、朝から夜まで営業し、その間にさまざまなイベントが催され、お客さんを楽しませる。プロ野球のスタジアムもテーマパークにならい、試合だけでなく、試合が始まる前から球場の外で楽しんでもらいたいと考えた。

だが、フロントにはロッテ本社から異動してきた人が多く、この人たちに新しい企画を考えろといっても難しい。そこで、延べにして20人ほど、新たにスタッフを採用した。面白いアイデアが浮かんだら、迷わず実行してもらう。私はスタッフに任せて、少々の失敗があっても大目に見た。こうして、新しいことにどんどんチャレンジしていく気風が生まれ、好循環となって、次々と企画が生まれた。

球場の外には屋台がずらりと立ち並び、手軽な値段でおいしいものが食べられる。ビアガーデンもある。機関車を走らせたり、ヤギなどを連れてきての「ミニ動物園」を開いたりなど、親と一緒に来た子どもたちにも喜んでもらう。そして、試合に勝てば、その日のヒーローインタビューを受けた選手がステージに上がって、歌を熱唱する。捕手で強打の里崎智也などは、喜んで歌ってくれた。

球場内を盛り上げる演出も施した。チアリーダーを結成し、場内アナウンスにＤＪを起用、試合の合間には花火を打ち上げた。

監督を務めていたボビー・バレンタインの存在も大きかった。ファンサービスに熱心で、客が求めていることは何か、常に考えていた人だった。「ドリームシート」を販売する際も、私といっしょに記者会見に出て、アピールしてくれた。

いずれも、観客を増やすには一人でも多くの人に「球場に来て、楽しかった」と感じてもらうことが大事だと考えて、取り組んだものだった。私があえて言っていたのは、「『勝ち』よりも『価値』の重視」。たとえチームが負けても、「また球場に来たい」と思ってもらえるのが理想なのである。

こうした一つ一つが実を結び、売上は２００４年が20億円だったのが、05年には45億、06年が65億、07年70億、そして、２０１０年には80億円にまで達した。右肩上がりに伸びていったのである。

（＊）指定管理者制度とは、公の施設（スポーツ施設、都市公園、文化施設など）の管理運営を企業など民間の団体に行わせることができる制度で、２００３年に経費削減とサービスの質の向上を図るために導入された。２０１８年現在、プロスポーツでは以下のスタジアムで導入されている。日本野球機構（ＮＰＢ）においては、ＺＯＺＯマリンスタジアム（千葉ロッテマリーンズ）、ほっともっとフィールド神戸（オリックス・バファローズ）、ＭＡＺＤＡ Ｚｏｏｍ－Ｚｏｏｍスタジアム広島（広島東洋カープ）、サッカー・Ｊリーグにおいては、カシマスタジアム（鹿島アントラーズ）、日産スタジアム（横浜Ｆマリノス）、デンカビッグスワンスタジアム（新潟アルビレックス）。

●球団と地域が一体となり、31年ぶりの優勝

千葉マリンスタジアムでもっとも鮮烈だった企画は、「桜吹雪」である。２００５年のシーズン開幕して間もない時期の試合だった。相手は、王監督率いるソフトバンクホークス。ロッテの先発は、エース右腕の清水直行。５回裏、ロッテの攻撃が終わったところで、バックネット裏と両軍のベンチ上から、桜の花びらに模した紙吹雪を一斉に撒いたの

である。

球場全体にきれいに舞い散る光景を想定していた。ところが、千葉マリンスタジアムの春先の風はとても強く、紙吹雪は風に舞ったまま、なかなか地面に落ちてこない。試合は10分ほど中断となってしまった。

王監督からは「試合妨害だ」と激しいクレームが来た。新たに採用したスタッフ第1号で、事業本部長として尽力していた荒木重雄は、真っ青になった。しかし、10分間の中断などどうということはない。実際、試合を観戦していたお客さんは、「きれいでいい」「20分でも30分でもやってもらっていい」と喜んでくれていた。先発した清水も、中断によるコンディションを気にすることなく、「みんな一生懸命やってくれているんですから、ちゃんと6回からも投げますよ」と言ってくれた。そして、見事に完投勝利を挙げたのである。王監督には試合後に謝りに行き、事なきを得た。

そして、この年、ついに31年ぶりのリーグ優勝を果たす。本拠地で迎えた開幕戦は、新球団・楽天イーグルスのエース・岩隈の好投もあり、初陣を飾られてしまったが、翌日の2戦目は先発全員安打、26－0で大勝した。その後も、12連勝や交流戦での優勝など快進撃を続けた。ソフトバンクとのデッドヒートの末、最後にはプレーオフを制し、栄冠をつかみとった。さらに日本シリーズでも阪神に4連勝し、日本一に輝いた。

チームを優勝に導いた要因は、いくつもある。

ロッテのスカウト陣は、かねてから優秀だった。ところが、球団の強化資金は限られており、他チームと競合したら金額面ではとうてい太刀打ちできない。他球団からはそれほどマークされていない、力のある選手、とりわけ高校生のうちから有望な人材に熱心にアプローチし、入団にこぎつけていた。首位打者を獲得したこともある福浦和也、勝負強い打撃が持ち味のサブロー、好守好打の内野手・今江敏晃（現・年晶）、俊足のスイッチヒッターとして成長した西岡剛など、錚々たる選手がそろっていた。

バレンタイン監督は、彼らをうまく起用した。データ野球を重視し、選手の調子に合わせて打順を組み変えるなど適材適所を見極めた。「君たちはもっとできるはずだ！」と褒め、選手の悪いところを直すのではなく、いいところを伸ばそうとした。「失敗は自分の責任、成功は君らの功績。だから恐れずチャレンジしなさい」と背中を押した。それが功を奏し、選手たちはつらつとプレーし、自信を深めていった。

地元の政財界も応援に力を入れた。「球場に足を運んで、選手たちを直接、激励してほしい。それがチームの力になるんです」という私の訴えに応えてくれた。千葉市長は「今朝、神社に行って、選手たちの奮闘を祈って手を合わせてきたから、伝えてほしい」と言い、県知事は外野席でファンといっしょにジャンプして声援を送った。千葉銀行や京成電鉄など地元企業も「かもめ会」という応援組織を結成。試合を協賛したり、優勝パレードの際にはカンパを集めてくれた。

球場とは、選手たちが演じる「舞台」である。私たちフロントは全員で企業を回って必死で訴え、球場フェンスの広告看板を取った。「あんな大企業が僕らを応援してくれている」「フロントも自分たちのために、こんなにも頑張ってくれているんだ」と選手たちは意気に感じていた。県内各地に後援会ができ、市長や知事なども頻繁に球場に来て、言葉をかけてくれる。そして、ファンからの熱い声援である。観客が増えると、選手は自ずと力を発揮するようになる。100持っている力を120出せるようになる。甲子園の高校球児が、勝つたびに力を蓄えていくのと同じである。

まさに、選手と監督、球団、地域が一体となって勝ち取った優勝であり、日本一だった。

●バレンタイン監督との確執

２００５年の優勝を受けて、選手の年俸は大幅に増えた。チームも選手も成績が上がったため当然のことなのだが、球団の財政事情からすると、手放しでは喜べない。オーナーからは、赤字を減らすように繰り返し言われた。売上が増えているとはいえ、赤字を埋めるには限界がある。

年俸が高く、年齢的にピークを超えたと思われる選手には、やむなくトレードや退団を求めた。好守の内野手・小坂誠は、05年シーズン終了後、金銭トレードで巨人に移籍。07年には中継ぎ左腕の藤田宗一、その後もエースの清水直行や久保康友、抑えの守護神・小林雅英、捕手の橋本将ら主力選手が相次いでチームを去った。

成績は２００６年が4位、07年2位、08年4位と伸び悩んだ。さらに、バレンタイン監督との関係も難しくなった。「ゼネラルマネジャー」と自負していた監督は、チーム編成について、われわれフロントに相談もなく、事を進めようとしたのだ。約4億円という高額の年俸に加え、監督が招いた外国人コーチや通訳の年俸も高かった。

この状態が続けば、球団運営に支障が出ると判断したオーナーは、２００９年のシーズン限りでバレンタイン監督の退任を決めた。これに対し、監督は納得がいかず、メディアやファンを巻き込み、自身に理があるとアピールした。矢面で対峙した私に強い批判を浴びせた。

09年は、スタジアムを不穏な空気が覆った。バレンタイン監督の熱烈なファンたちが、「瀬戸山死ね」などと記したプラカードを掲げた。選手の士気やプレーにも当然、影響する。チームは低迷を続けた。

西岡の言葉が、印象に残っている。試合に勝った後のヒーローインタビューで、彼はファンにこう呼びかけた。

「外野席の皆さんにひと言、お願いがあります。そういう不穏当なプラカードはもう、やめていただけませんか。ここは、そういうことをする場所じゃありません。子どもたちもいっぱい見に来ているので、明日からはそのようなことがないようによろしくお願いします」

彼が心憎いのは、さらにその後である。私に話しかけてきて、「瀬戸山さんのためにやったんと違いますからね。僕は正しいと思ったことをやっただけですから。勘違いしないでください」。

結局、このシーズンは62勝77敗5引き分けで、リーグ5位に終わった。

●下剋上で、再び日本一に

バレンタイン監督の後任には、ヘッドコーチだった西村徳文を起用した。一部には「西村で大丈夫か？　成績が悪かったら瀬戸山の責任だ」という声も聞こえたが、私には西村監督の謙虚さと勝負への厳しさが、必ずやチームをいい方向に導いていくという確信があった。現役時代から28年間ロッテ一筋で、選手のことは知り尽くしていた。何より、西村監督にはバラバラだったチームを一つにまとめる強い信念が感じられた。

そして、迎えた２０１０年。下馬評は低かったが、「今年は心機一転やってやる」という気持ちがチーム全員にみなぎっていた。開幕ダッシュに成功し、4、5月は首位を快走。その後、投手陣の不振で一時は4位に転落したが、最終戦で勝ち、日本ハムをわずか０・５ゲーム差で抑えて3位に滑り込んだ。

西武とのクライマックスシリーズ（ＣＳ）のファーストステージは、2戦とも9回表に同点に追いつき、延長戦で勝利。続くソフトバンクとのＣＳファイナルステージも、先に王手をかけられながら3連勝と、逆転で制覇した。その勢いは、日本シリーズでもとどまることなく、中日を4勝2敗1引き分けで破り、日本一を勝ち取った。劇的な勝ちっぷりは、「下剋上からの日本一」と称された。

瀬戸際のピンチを何度も切り抜けた原動力は、西村監督自らが決めたスローガン「和」だった。監督、コーチ、選手、スタッフが一丸となって、チームに献身し、大きな力を生み出した。

選手会長のサブローは、私に「社長、優勝しましょう。今年することに意味があるんです！」と熱く語っていた。かつて私はFA移籍を考えていたサブローに対して、高年俸を提示できないことに理解を求めた上で、「お金だけではないやないか。生え抜きのリーダーになってくれないか」と話し、快く残留してくれた経緯がある。サブローはその言葉に応えてくれた。調子を落とし、2軍で調整していた里崎や渡辺俊介らにも声をかけ、腐らないように気を配るなど、細やかな心遣いでチームをまとめ上げた。

井口資仁の存在も大きかった。井口は、ダイエーホークスからメジャーリーグに移り、活躍していた強打の内野手である。彼とはホークス時代からの付き合いだから、その実力はもとより人柄もよくわかっていた。野球に真摯な姿勢で臨む、向上心の強い選手である。日米での経験をナインに伝え、精神的支柱になっていた。

主将の西岡剛は、その井口との出会いによって、大きく成長した。不動の「1番・ショート」としてチームを引っ張り、シーズン144試合全イニングフル出場、200安打を達成し、首位打者に輝いた。

この3選手は、ソフトバンクとのクライマックスシリーズを制し、日本シリーズへの進出が決定した直後、福岡ドームで重光昭夫オーナー代行と私を胴上げしてくれた。遠慮して辞退したいというオーナー代行といっしょに、私は試合管理人室まで逃げ込んでいたが、3人が追いかけてきて、私たちをグラウンドに引っ張り出した。「いちばん苦労したのは社長ですから」というサブローの言葉が、胸に残った。選手たちの手で宙に舞えたことで、すべてが報われたような気がした。

●理想と現実との間で

福岡ドームで、ソフトバンクとのクライマックスシリーズに勝利した翌日、私は朝一番の飛行機で、東京へ向かった。オーナーに球団の営業報告をするためである。

「このたび、日本シリーズ進出を……」と喜び勇んで切り出した瞬間、オーナーからは思わぬ言葉が返ってきた。

「そんなことは、どうだっていいんだよ！　困るんだ！　君は2005年のことを忘れたのか。赤字はどうなるんだ！」

監督や選手の年俸が上がり、球団の財政を圧迫するのではないかと、オーナーは懸念していた。

売上は80億円を上回り、経費が100億円弱と想定される。赤字は間違いなく、18億円ぐらいに抑えられるだろうと私は答えた。球団社長に就任する際、「赤字は20億までに抑えてほしい」と言われたオーナーの要望には応えられるはずだ。

ところが、オーナーは納得しなかった。「赤字は10億円までだ。今は昔と時代が違うんだ」という。メジャーリーグでのプレーを希望している西岡を、ポスティングシステムで移籍させれば、およそ4億円は球団に入ってくる。しかし、売上を伸ばすには、さまざまなことをやり尽くしていた。ならば、支出を減らすしかない。高額年俸の選手を放出し、赤字を少しでも抑える。それが、できることの精いっぱいだった。

断腸の思いでトレードを宣告した選手は、日本一の立役者だったサブローである。翌2011年のシーズン中の6月、巨人への移籍が決まった。チームへの残留を求める彼に、「天下の巨人で勉強して、帰ってこい」と言葉をかけ、送り出した。メディアにこのトレードが発表されると、ファンからは猛烈な反発の声が寄せられた。私もつらかったが、球団の事情でやむを得なかった（その後、オーナー代行の意向で、その年のシーズン終了後、ＦＡ宣言したサブローを獲得。２０１６年の引退までロッテでプレーし続けた）。

東日本大震災に見舞われた２０１１年は、球団の売上にも影響が出た。赤字を10億円までに減らすのは、困難だと思われた。現実を踏まえると、私の力でこれ以上続けても、ロッテ本社の期待に応えるのはむずかしい。新しい体制でやってもらうしかないと判断した。

9月18日、オーナーとオーナー代行に辞意を伝えた。「仕事は何としてもやる」という思いに迷いが生じたときが、引き際である。未練はなかった。

出会った人の中から

添石邦男

ロッテは2006年のドラフト会議で、ソフトバンクとの競合の末、クジ運良く、沖縄・八重山商工高校の大嶺祐太投手の指名権を獲得した。大嶺は、その年の夏の甲子園にも出場した本格派の速球投手である。

大嶺は九州を本拠地とするソフトバンクへの入団志向が強く、ソフトバンクが単独指名で指名権を獲得するだろうと思われていた。だが、ロッテもバレンタイン監督の大嶺への評価は高かった。私たちフロントと最後まで激論になったが、競合覚悟で大嶺を指名し、見事に当たりクジを引いた。ここから、私とチーフスカウト・松本、担当スカウト・永野の苦闘が始まった。

ドラフト会議の後、3人で八重山商工高校を訪問すると、当然のことながら歓迎ムードはなかった。大嶺本人も終始、硬い表情を崩さない。われわれは大嶺を説得できるまで、何度でも石垣島に通う覚悟を決めていた。指名した選手から「行きたくない」と言われる不人気球団を演じるわけにはいかないという思いが強かった。

ここで思いがけず助けてくれたのが、八重山商工高校の校長・添石邦男さんと、妻の慶子さんである。夫妻は、決してわれわれの味方をしてくれたというわけではない。

「わざわざ祐太に挨拶に来てくれた人を、ぞんざいに扱ってはいけない。まずは、相手の話を誠意を持って、礼儀正しく聞きなさい」「人のご縁を大切にしなさい」

そんなところから、大嶺に接してくれた。

「人の縁は大事にしなさい」と繰り返し説いてくれたおかげで、大嶺の考えは少しずつ変わっていった。当初はプロに行かず、別の進路を選択することも視野にあったようだが、ついに「僕は人の縁を大事にして、プロに進む」と決断してくれた。

大いに悩んだと思うが、最後は添石夫妻の大嶺を思う純粋な気持ちが、彼の心を動かした。

その縁で、ロッテは石垣島でキャンプを実施することにもなった。私と妻も何度も石垣島を訪れることになり、添石夫妻との親交も深まった。

大嶺は今、プロ野球の世界で悪戦苦闘中だ。添石夫妻はハラハラしながら見守っている。そして、夫妻の一喜一憂ぶりが家族のようなつきあいになった我が家にも、石垣島から伝えられてくる。

出会った人の中から

松本秀夫

２００５年10月17日、パ・リーグのプレーオフ第2ステージ、ソフトバンクとの第5戦（ヤフードーム）。2勝2敗で迎えたこの試合、ロッテは3対2で勝利した。最後の打者・ホークスの川崎宗則がレフトフライに倒れた瞬間、ニッポン放送で実況を担当していた松本秀夫アナウンサーは、「ロッテ、ゆうしょうーーー！」と叫び、号泣しながら中継した。31年ぶりのパ・リーグ制覇。自分の弟分のような存在のベテラン野手、堀幸一や初芝清が泣きながらマウンドに駆け寄るその姿に、松本さんも万感の思いがこみ上げ、「号泣実況」となった。この「号泣実況」は、ロッテ・ファンをはじめ多くのリスナーに感動を与え、大きな反響を呼んだ。

松本さんがアナウンサーとしてロッテを担当し始めたのは、１９８７年頃からである。当時のフランチャイズ・川崎球場に、年間40試合以上通ったという。ロッテは万年Bクラスの弱小球団だったが、それゆえに人気球団では考えられないような選手たちとのつきあいができたわけだ。選手ロッカーにも当然のように出入りしていた。特に堀や初芝とはいっしょに遊びに行ったり、飲みに行ったりするなど、家族ぐるみで交流できたという。こうして、松本さんはロッテの選手たちと切っても切れない間柄になっていく。

私よりはるか前から、ロッテを自らの一部として見続けてきた松本さんは、たくさんの思い出があると教えてくれた。1988年10月19日、近鉄戦でのダブルヘッダー。普段は閑古鳥が鳴く川崎球場も、近鉄の優勝がかかったこの日は超満員だった。当時の川崎球場はトイレが男女共用で数も少なく、観客のみならずマスコミも大変だったこと。98年、プロ野球の歴史に残る18連敗を喫したときのこと。数え上げたらキリがない。ときには、うれしいこともあった。川崎から千葉への本拠地移転、95年にバレンタイン監督の下で2位に躍進したことなど。

そんな、自らのことのように応援し続けたロッテが、31年ぶりにパ・リーグ制覇を成し遂げたのである。松本さんはうれしそうに語る。

「昔は巨人のユニフォームを見ただけで気後れしていた選手たちが、いい意味で、すごくやんちゃに成長した。今やファンサービスや応援スタイルなど他球団がまねるまでになった」

松本さんにとって、ロッテは青春そのものだと思う。年月がたっても、昨日のことのように生き生きと語る姿はとても羨ましい。2005年の優勝パレードは中継車からレポートし、またまた感動したという。

今も堀たちと釣りなどを楽しみながら、ロッテを見つめ続ける松本さんである。

思い出の中から

千葉ロッテ優勝パレード

２００５年、31年ぶりの日本一を受けて、千葉県、千葉市、商工会議所などに球団も加わり、優勝パレード実行委員会が結成された。県も市も後援会も応援団も一般ファンも地元メディアも、とにかくパレードに向けて盛り上がった。

11月20日（日）午前9時55分。千葉市中央区広小路交差点において、知事、市長、地元企業による応援組織「かもめ会」の会長らによるテープカットで、いよいよパレードは始まった。コースは中央市街地コースと幕張新都心コースの2つである。

監督、コーチ、選手、球団関係者、「26ラッピングバス」（監督や選手たちの写真を車体に貼りつけて、千葉市内を営業運行しているバス）に搭乗した応援団、一般ファン、そして、ロッテのチアリーディングチーム「M☆Splash!!」や千葉市消防音楽隊、マスコットキャラクターの「マーくん」「リーンちゃん」などが加わった豪華な行列で、迫力あるパレードとなった。

私は福浦選手といっしょにオープンカーに乗った。沿道は、約20万人の市民で埋め尽くされている。まさしく街中がロッテ一色だった。特に幕張ベイタウン（富士見通り）出発—千葉マリンスタジアム到着の幕張新都心コースでのパレードは素晴らしかった。沿道両側の高層マンションから降り注ぐ紙吹雪の美しさに、パレードする側も見る側も、その場にいるすべての人たちが言い尽くせないほどの感動をおぼえた。

このパレードのために、実行委員会は数千万円を集めてくれた。紙吹雪は地元の小学生たちがつくったり、ファンや応援団も協力した。風に美しく舞うように、また、あとで片づけやすいようにとサイズなども工夫が施されていた。パレード終了後、路上に散った紙吹雪を、沿道の人たちが力を合わせ、わずか20分ですべて拾い集めたことも話題になった。

2010年の日本一の際も、パレードは同様の盛り上がりを見せた。高橋慶彦2軍監督とオープンカーに乗車し、参加したときの光景も忘れられない。

この2回の優勝パレード。そして、2010年にソフトバンクホークスとのプレーオフを制して日本シリーズ進出を決めたとき、ヤフードームで選手たちから胴上げをされたことは、私の自慢であり、一生の思い出になっている。

千葉ロッテマリーンズ優勝パレード
ASIA CHAMPIONS
Marines

千葉ロッテマリーンズ
2010年度 クライマックスシリーズ
優勝
Marines
ノキア
BEST
ベスト電器
TOYOTA
docomo

(右上) 2005年の優勝パレード。チームの中心打者・福浦和也とオープンカーに乗った。
(左&右下) 2010年、ソフトバンクホークスを破り、パ・リーグCSファイナルステージ優勝を果たした。試合後、私も選手たちに胴上げをされた。

第3章　オリックス編

●球団本部長1年目でリーグ2位に躍進

ロッテの球団社長を辞任後、本社からの要請を受け、2011年10月からは非常勤の球団顧問として、1年間、籍を置くことになった。また、さまざまな方のお声がけで、思いがけず、大学で教鞭を取ることにもなった。千葉商科大学大学院の客員教授として、中小企業診断士養成コースでスポーツビジネスを担当した。

オリックスとのご縁は、そんな新しい仕事を始めて、しばらくしてからのことだった。西名弘明球団社長から「球場にもっとお客さんを呼びたい。力になってほしい」と、営業強化のためのフロント入りを請われた。

オリックスが本拠地（京セラドーム大阪）を構える大阪は、私が育った町である。準本拠地の神戸は、小学2年生まで暮らした町で、父の出身地だった。ゆかりがある球団から請われたことはありがたいと思いつつ、60歳を目前に控え、単身赴任での仕事には迷いがあった。「顧問のような立場でサポートするのが、一番ありがたい」と私は答えた。だが、オリックス側は、ゆくゆくは球団本部長としてチーム編成・強化に当たってほしいという。そこまで請われるのなら、もう一度、やってみようと思った。

ロッテの顧問契約終了後の2012年11月1日。オリックスの球団本部長補佐に就任した。

宮内義彦オーナーとは、ダイエー、ロッテ時代からオーナー会議などで顔を合わせる機会があり、「野球に大変強い関心を持ち、球団を大切にしている人」だと思っていた。

その反面、相手チームとして対戦していて感じたのは、「選手たちが大事にされすぎていて、おとなしい、やさしい」ということだった。実際、仕事を始めると、その通りだった。

以前のオリックスは違った。阪神大震災に見舞われた1995年、チームは「がんばろうKOBE」を合言葉に勝ち進み、パ・リーグを制し、翌年には日本一も成し遂げた。チーム全体から「被災者とともにプレーするんだ」という一体感があふれ、強くて、たくましかった。もう一度、現場とフロント、ファンが一丸となるべく力を尽くそうと思った。

選手の意向に沿ってサポートするかたわら、鍛えるべきところはしっかり鍛えた。「監督、コーチの顔色を見ながらプレーするのではなく、自分たちが目標を持って、鍛え、勝負しなければいけない。相手より優位に立つためには、相手を研究することも大切だ」と、選手たちには説いた。「『練習施設や機材を充実してほしい』『食事をよくしてほしい』

と球団に文句を言う前に、まずは自分たちがやるべきことをやれ」とも言った。選手が自立しなければ、チームは強くならないからだ。

チーム編成も、それまでは後手に回っていた。リーグ5位に終わった森脇浩司監督1年目の2013年オフ、打線の主軸を担っていた李大浩、バルディリス両内野手との契約を更新できなかった（李はソフトバンクへ、バルディリスはDeNAへ移籍）。李はその年、打率3割3厘、24本塁打を記録、打点もバルディリスとともに91打点を挙げていた。チームにとって、これは大きな損失だった。残留を求めるのか、それとも放出するのか。球団としての方針をいち早く定め、シーズン後の契約解禁とともに交渉するべきところを怠っていた。

同年11月、球団本部長に着任すると、私はまず打者の補強に当たった。ソフトバンクを退団したホームランバッターのペーニャ内野手と、俊足強打の西武・ヘルマン内野手を獲得。さらに選手を補強したかったが、この時期では間に合わなかった。あとは、今のメンバーが結束して、戦うしかない。

森脇監督と綿密な打ち合わせをし、2014年のシーズンを迎えるにあたって、「2014進撃　さらに、一つになろう」というチーム・スローガンを掲げた。最後まであきらめず、チーム一丸となって戦い、勝利をつかみ取ろうという思いを込めた。森脇監督は、この言葉をもとに5つのチーム指針をつくった。

一、全力プレー
一、準備が全てを決める
一、微差は大差
一、味方に優しく敵に嫌らしく
一、固定観念を捨てよ

これを額縁に入れ、選手のロッカーや1・2軍の食堂、監督室やコーチ室、さらにはわれわれフロントの執務室にまで貼って、浸透を図った。

開幕3連戦こそ1勝2敗だったが、その後は快進撃を続けていく。投手では金子、西が先発の中心で活躍し、比嘉、岸田、佐藤達、平野佳の4人がリリーフでフル回転した。野手陣は、長距離砲のT－岡田、内野手の要・ショートを務めた安達、前年から正捕手に成長した伊藤光ら、これまでは少しおとなしそうに見えた選手たちがチームを引っ張った。シーズン前の下馬評は低かったものの、ソフトバンクと優勝争いをする展開になった。だが、ソフトバンクとの直接対決となったシーズン最終戦で敗れ、残念ながら勝率2厘の僅差で2位に終わった。

選手の経験のなさと、層の薄さが敗因だった。しかし、この一年はオリックスにとって、いい経験になった。

●「先手の補強」も結果はついてこず…

営業面でもオリックスは大きく変わった。それまでは、本社が企業を回り、年間シート席をまとまった数で売りさばいていた。だが、そのチケットを持って、実際に試合観戦に訪れる人は多くなく、「売上は上がっても、座席は空いている」という光景を目にしていた。金融業を営むオリックスは「ＢｔｏＢ」がビジネスの主流を占める。しかし、それでは球場をファンで埋め尽くすことはできない。

ファンサービスを担当する職員たちが、さまざまなアイデアを企画し、実行した。ファンクラブに入会すると、ユニフォームをプレゼントするなどの特典を付けたところ、会員数は２０１３年の約２万７０００人から、翌14年は１・５倍増の約４万１０００人に。観客動員数も13年の約１４３万人から、14年は約１７０万人にまで増えた。チアダンスの応援の域を超える、本格的なダンス&ボーカルユニット「Bs Girls」も結成。彼女たちが試合前に球場でパフォーマンスを披露し、集客に貢献してくれた。

こうして2014年はチームの躍進とともに、ファンも大いに盛り上がった。「来季こそは優勝だ」とファンの期待が高まったオフ、選手の補強に乗り出した。優勝争いの真っただ中の9月から、15年のチーム編成の青写真を描き、意中の選手との交渉が解禁されれば即座に動けるように準備を進めていた。宮内オーナーや西名球団社長からも、われわれのプランを即断即決で承認を得たことが大きかった。球団全体が優勝へと同じ方向を向き、意思決定から行動までが迅速だった。

補強のポイントは、「実績がある内野手」の一点に絞った。投手陣はソフトバンクに十分、対抗する力があると見ていたからだ。メジャーリーグのアスレチックスからフリーエージェント（FA）となっていた中島裕之内野手を、日本ハムから小谷野栄一内野手を獲得。中島は西武で、小谷野は日本ハムでそれぞれ優勝経験があり、チームにプラスになると判断した。打撃も期待できるベテラン選手だった。中日、DeNAで本塁打王、打点王などのタイトルを取ったトニ・ブランコ内野手の入団にもこぎつけた。

国内FA権を得たエース右腕・金子とも残留交渉を重ねた。金銭など条件面だけなら、他に魅力的な球団はあっただろう。「何としても次のシーズンは優勝したい。そのためにはエースである君の力が欠かせない」「オリックスの補強のフィナーレはエースの残留なのだ」と訴えた。その結果、金子はオリックス残留を選んでくれた。

「先手の補強」が功を奏し、戦力は十分に整った。そして、「優勝候補」と一躍、注目を浴びることになる。

ところが、ペナントレースが始まると、厳しい戦いが待っていた。優勝への期待が選手の重圧となり、本来の力が発揮できない。開幕前後から、主力選手が相次いで故障したのも痛手だった。比嘉、岸田、平野佳といったリリーフ投手に加え、打撃陣ではブランコ、ヘルマンに続き、中島も離脱。連敗が続くチームに奮起を求めようと、私は試合前に檄を飛ばしたこともあった。

「これだけ負けていても、チームには不協和音がない。絶対に、はい上がっていける！」

ダイエー、ロッテでそれまでフロントを務めてきたが、シーズン中にこうしたアプローチをするのは初めてのことだった。

森脇監督はじめ首脳陣には、「成績が悪くても、はつらつと振る舞ってほしい」とも要望した。一、三塁コーチは駆け足でコーチャーズ・ボックスに向かう。投手コーチはピンチのときには小走りでマウンドへ。ときには監督もマウンドへ行ってほしいと促した。

ダイエー時代、低迷が続いていた頃に中内オーナーがかけてくれた言葉、「得点で敗けても元気で敗けるな」の精神が今一度、必要なときだった。

しかし、チームは苦戦から脱しきれない。森脇監督が不振の責任を取って、6月から休養。福良淳一ヘッドコーチが監督代行として、指揮を執ることになる。福良監督代行は、現役時代は「しぶとさ」が持ち味で、それがチームにも徐々に浸透し始めた。投打とも脇役が活躍し、7月にはこの年初の月間勝ち越しを果たす。だが、序盤での失速を取り戻すことはできず、最終的にはリーグ5位に終わった。

この年のオリックスは、「1995年のダイエー」とも重なる。当時、ダイエーは王監督を迎え、錚々たる選手をそろえて初優勝だと意気込んだが、結果は5位の惨敗だった。戦力を整えただけでは、勝てない。そのことを再び痛感したシーズンだった。

一方で、観客動員は好調が続いた。ゴールデンウィークがあった5月には球団史上最高記録を塗り替えるなど、3連戦で計10万人を超える盛況ぶり。「オリ姫デー」と銘打って、女性の来場者全員にレプリカ・ユニフォームをプレゼントするなど、女性ファンを引きつける企画も生まれた。その結果、前年を上回る約177万人の動員を果たした。いずれも、現場スタッフの努力と奮闘の賜物だった。

●球団初の生え抜き監督誕生も苦戦が続く

雪辱を期すべく、シーズンを終えた10月、福良監督代行の監督昇格を発表した。次の年に向けて、いち早くスタートを切りたかった。

福良監督は2015年、森脇監督の代行としてシーズン途中から指揮を執り、どん底だった状態から42勝46敗と盛り返した。主力選手の故障が続出したことから、2軍を含めた全選手の力を引き出そうと若手を起用し、戦力を整えた。いかに相手が嫌がる野球をするかなど、チームのことを四六時中、考える情熱も感じた。選手からの人望が厚いだけでなく、コーチがアドバイスを遠慮するような主力選手にも、言うべきことをしっかり伝える。そんな厳しさも兼ね備えていた。

監督を最終決定する際、私は宮内オーナーに「福良しかいません」と強く推した。

こうして、前身の阪急、オリックスで現役時代をすごした球団初の生え抜き監督が誕生した。

2015年の不振は、よそ行きのキャンプをしたことも原因に挙げられる。前年オフの秋季キャンプは、わずかの差で優勝を逃した悔しさから、選手は全力で自身を鍛え直していた。その疲れが十分に取れないまま、春季キャンプを迎えてしまったのだ。われわれフロントも、「来季こそ優勝だ！」と選手を煽りすぎた部分もあった。

春季キャンプ地を沖縄・宮古島から宮崎に移したことも影響した。初めての施設で選手たちは戸惑った。大勢のファンが見に来てくれたことで、必要以上に張り切ってオーバーワークになるなど、「よそ行きのキャンプ」を送ってしまった。

これらの反省を踏まえ、選手のコンディショニング部門に新たなスタッフを入れた。選手とコミュニケーションをよく図り、選手が何を考えているのか、選手の体が何を訴えているのかを事前に察知する体制を整えた。

春季キャンプは1軍、2軍合同で宮崎で行うことにした。練習や紅白戦などをいっしょに取り組み、ダメなら2軍で鍛え直し、良ければ1軍に上げる。選手間の競争意識も今まで以上に生まれた。

さらに、新たに就任した田口壮2軍監督は、現役時代、福良監督とともにプレーした間柄である。田口2軍監督にとって、福良監督は兄貴分のような存在だから、本音でコミュニケーションが取れるだろう。これも、チームのプラスになると判断した。

しかし、期待を持ってスタートした２０１６年も、序盤からつまずいた。とりわけ象徴的だったのが、4月のソフトバンクとの鹿児島、熊本での2連戦だった。初戦はエースの金子、翌日は若手のホープ・西が打ち込まれ、いずれも10点以上を奪われて大敗を喫する。投手陣の乱調が続き、守備や打撃面でも振るわず、突破口が見いだせない。

5月末から始まったセ・リーグとの交流戦でも、チームは浮上しなかった。選手たちは意気消沈していた。6月11日、本拠地・京セラドーム大阪でのDeNA戦も0－7で完敗。試合後、私はメディアの取材陣にこう答えた。

「こんな試合はお金を払って見に来てくれているファンに失礼。闘争心のない選手は、明日にでもやめてもらって結構。やる気のある選手だけでやったらいい。今なら智弁学園より弱い。試合をしたら絶対に負けるよ」

智弁学園は奈良県の強豪校で、その年の春のセンバツ高校野球で優勝していた。だが、いくら強いとはいえ、高校生である。こんな言葉を投げつけられたら、選手は面白いわけがない。「勝てばいいいんやろ！」「瀬戸山の鼻を明かしてやる！」と発奮させるための、一か八かのショック療法だった。これで選手の気持ちが沈んでしまうのなら、今年はもう見込みはない。責任を取って、辞任しようと考えていた。

球団の上層部には「発言の意図がわからない」と理解されず、ファンからは「チームの不振は、おまえの責任ちゃうんか！」と受け止めてもらえなかった。そうした批判や疑問は覚悟していた。選手たちに届いてくれればと一縷の望みをかけていた。だが、嫌な顔をする者が多かっただけで、奮起するには至らなかった。

結局、この年も57勝83敗3引き分けの最下位で幕を閉じた。そして、10月、私は球団本部長を辞任した。

●オリックスの時代は必ず来る

本部長を退任後、球団に請われ、２０１７年は1年契約で球団顧問としてサポート役にまわった。前半の好調な戦いぶりからＡクラス入りの可能性も感じたが、残念ながら４位にとどまった。

とはいえ、福良監督が掲げる「しぶとい野球」は、確実にチームに浸透している。「チームが勝つために、自分は何をすべきか」を選手一人ひとりが自覚し、試合に臨むようになった。私が口を酸っぱくして言ってきたこと、「自立した選手になれ」「相手に勝つんだ」「最後まであきらめない」という姿勢も身についてきた。

振り返ってみると、２０１４年からの3年間のオリックスは、20年前のダイエーと重なる。ダイエーは1994年、根本監督の下、一時は首位の座に就くほどの勢いを見せた。翌95年には王監督が就任し、選手を大補強して優勝が期待されたが、5位に終わった。その悔しさを胸に臨んだ96年は最下位に落ち、ファンから生卵を投げつけられるほどだった。94〜96年のダイエーの軌跡と、2014〜16年のオリックスのそれは似通っている。

ダイエーは小久保や城島、井口、松中ら若い戦力がそろい始めた98年に勝率5割でオリックスとともに同率3位に浮上。そして、99年に優勝を果たしている。チームが強くなるには、一定の時間を要するということだろう。

それになぞらえれば、オリックスも2年後、3年後には期待できると思う。投手では、山岡や山本ら若手が台頭し、厚みが増している。打者では、フルスイングでファンを魅了する強打者・吉田正らの飛躍が期待できる。そこに、エースの金子や西、日本ハムからFA移籍した守護神・増井、攻撃陣では内野の要・安達、ホームランバッターのT－岡田、ベテラン野手の中島や小谷野に、ロメロ、マレーロらの外国人打者が加われば、十分にAクラスを狙える。近い将来、オリックスの時代は必ず来るはずだ。

思えば、宮内オーナーは私にとって3球団目に仕えたオーナーだった。最初のダイエー・中内切オーナーには常勝軍団の礎を築いて、恩返しができた。ロッテでは重光武雄オーナーから特に赤字削減を要望され、約20億円だった売上を約80億円に増やし、赤字を約40億円から半減させ、リクエストに応えられた。ところが、宮内オーナーには何も恩返しできなかったことが悔やまれる。

これからは、球団の外からではあるが、チームの戦いぶりを見守っていきたいと思っている。

出会った人の中から

坂本治雄

福岡ダイエーホークスは、1991年春から2003年春まで春秋ともに高知市でキャンプを張っていた。「キャンプ」とは、春は2月1日頃から約1か月、秋は11月1日頃から約3週間程度の長期間の合同練習である。高知市は大変な尽力で、1軍（A組）は東部球場を中心に、2軍（B組）は市営球場を中心にキャンプ用施設を整えてくれた。

ところが、宮崎市ではかねてから本格的な野球場を建設する計画があり、ホークスは九州の球団として、市と共同歩調で計画を進めていた。90年代から私も定期的に打ち合わせで、宮崎市を訪れていた（その後、市は2つの野球場、屋内練習場などを構えた「生目の杜運動公園」を完成。ホークスは2003年秋から同地でキャンプを行っている）。

その際、市に隣接していた佐土原町（現・宮崎市）から、2軍のキャンプ誘致を提案された。施設を案内してくれた職員が、坂本治雄さんだった。だが、あいにく、こちらの条件とは合わず、その場でお断りすることになった。

坂本さんは、「わかりました。では、お時間の許す限り、佐土原をご紹介します」と車で地元を案内してくれた。野球が好きらしく、車中では話題に事欠かなかった。自宅にも招かれ、わずか一日にして、昔からの友だちのような親しさを覚えた。別れ際には、「これをご縁に長いおつきあいをよろしく」と、気持ちよく握手を求めてきた。

これが、坂本さんとのつきあいの始まりである。

以来、彼は福岡ドームでの試合には、たびたび応援や激励に駆けつけてくれるようになった。選手の脱税事件をめぐり、管理責任を取る形で球団本部長を解任されると、「ちょっとゆっくりされたら、どうですか」と自宅に何度も招いてくれた。

1999年、福岡ダイエーホークスとして初のパ・リーグ制覇をしたときには、祝電が飛び込んできた。そこには、「私は、いの一番に、あなたとあなたの家族を胴上げしてあげたい」とあった。

オリックスは2015年春、キャンプ地を沖縄県宮古島から宮崎市に移した。市長はじめ、職員の方たちには無理を受け入れてもらい、おかげで素晴らしいキャンプ地を手に入れることができた。移転決定まで市と水面下で交渉を重ね、私にとってはつらく苦しい場面が続いたが、このときも坂本さんから寄せられた「これをご縁に長いおつきあいをよろしく」という言葉が支えになった。チームが宮崎入りすると、坂本さんは家族といっしょに佐土原の名物である和菓子「くじらようかん」(子どもが、鯨のように大きく成長してほしいという願いから生まれたといわれている)を持って、空港まで出迎えてくれた。今も家族ぐるみでの交流が続いている。「長いつきあい」で支えてくれた人である。

思い出の中から

神戸三宮、安くてうまい焼き肉屋

1988年、ダイエー神戸本店室に所属し、南海電鉄からのホークス譲受を水面下で進めていた頃、JR三宮のガード下にあった焼き肉屋に頻繁に通っていた。

オリックスに来て、2013年の神戸でのデーゲームの後、久々に店へ向かった。おそらく、もう閉店しているだろうと思ったが、一度、確かめておきたかったのだ。それくらい、この店には愛着があった。安くて、うまかったことに加え、当時、未知の世界であるプロ野球界で、球団譲受というつかみどころのない仕事に取りかかろうとしている私にとって、この店は唯一の安らぎの場だった。

店は、往時と全く変わらぬ姿で営業を続けていた。子どもの頃の親友に25年ぶりに会ったような感動をおぼえた。店内も昔のままだったが、ただ一つ変わっていたのは、ご主人がお亡くなりになっていたことだ。女将さんが一人で切り盛りされていた。もう一つ目についたのが、オリックスのカレンダーが店の壁に掛かっていたことである。

女将さんに聞くと、小松聖投手がよく来てくれるという。小松は2008年に新人王を獲得したが、その後は伸び悩んでいた投手である。これを機に、小松とはよく話すようになった。二人でこの店にも行った。フロントが、選手とプライベートで食事をともにするのは、オリックスでは珍しいことである。小松は、亡くなったご主人からトレーニング方法やピッチングについても、いろいろと話を聞いていたようだ。

思えば、ご主人との会話は私も印象に残っている。店に通い始めた当時、私は自身の仕事内容は明かさなかった。ご主人は、私のことを「ダイエーで渉外業務を担当している社員」だと思っていたのかもしれない。ダイエーが三宮に出店したときのことや、神戸の財界について、よく話をしてくれた。各分野にわたって、知識が豊富な方だった。それだけ、努力をされていたということである。

女将さんは「もう店をたたむ」とよく口にしていた。だが、その後、何度も足を運び、食事をした。イチロー選手も連れて行きたかったが、大騒ぎになって店に迷惑をかけるので控えた。そのかわり、毎年12月、1月と神戸でトレーニングをするイチロー選手を手伝っているスタッフたちと出かけた。新聞記者や、神戸の昔からの仲間たちとも、よく訪れた。

オリックスを離れた今、もう、あの店には行けないと思うと、とても寂しい気持ちに駆られる。

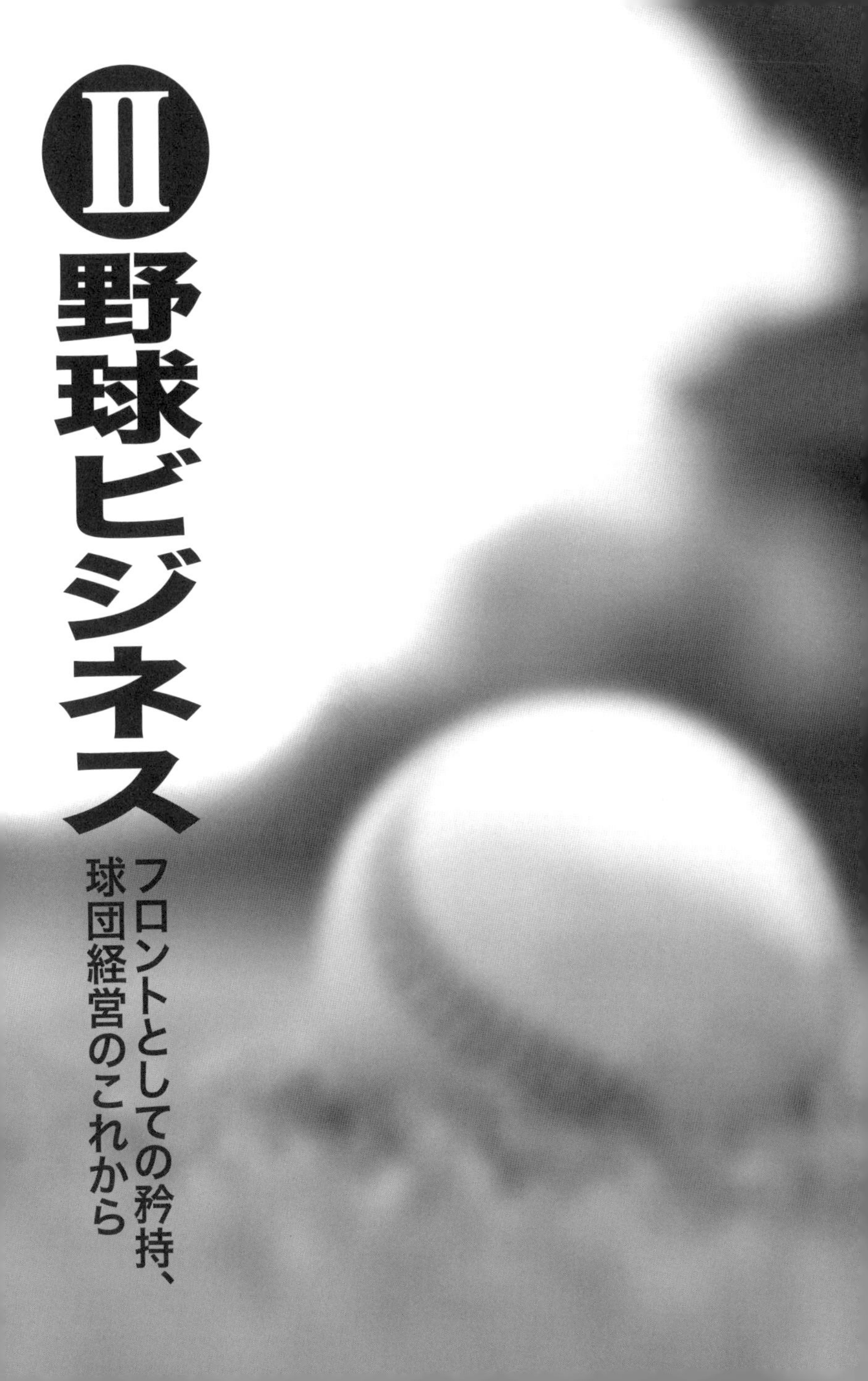

Ⅱ 野球ビジネス

フロントとしての矜持、球団経営のこれから

プロ野球フロント論

●2つの大きな柱――フランチャイズと監督

球団トップはオーナーである。フロントは、常にオーナーとコミュニケーションを取りながら、オーナーの意を受け、ときにはオーナーと議論して、仕事を進めることになる。強く、そして、ファンから愛されるチームをつくり上げるために、まずは、2つの大きな柱を決めることが求められる。

プロ野球とは、チームづくりから、球場への集客、グッズ販売、放送事業まで幅広く手がける「複合ビジネス」である。

ここでは、ダイエー、ロッテ、オリックスでの私の経験をもとに、その仕事について述べていく。

◇フランチャイズを決める――「舞台」を整える

1軍のみならず2軍、3軍の球場、さらにキャンプ地についても決定しなくてはいけない。

オリックスが、1軍のキャンプ地を沖縄の宮古島から宮崎市に移したのは大英断だった。長期的に見れば、大きなプラスであることは間違いない。また、2軍の練習施設を神戸から大阪・舞洲に移したのも同様である。オリックスは、まさに舞台が整ったといえる。ダイエーもキャンプ地を高知から宮崎に移し、九州の球団として舞台を整えた。

一方、ロッテは球場と球団の関係を大幅に変革し、球団の権利を飛躍的に拡大させた。これもフロントの大きな貢献である。

◇監督を決める――「役者」をそろえる

「常に優勝争いできるチームづくり」「ファンや地域に愛されるチームづくり」は当然だが、どういう指揮官とともに、どのように実現していくかは大きなポイントである。そして、オーナーとフロントが意を決して登用した指揮官は、最低5年間は最大限のバックアップをしながら見守ることが必要だと思う。

黄金時代を築いた巨人、西武などは、ＯＢに監督候補者が複数存在している。しかし、新しい球団の場合はそうはいかない。その意味では、新球団ダイエーホークスが王さんを監督に招聘したことは、大きな成功事例だと言っていい。王監督は、ホークスを常勝軍団にし、ファンや地域に愛されるチームをつくり上げ、九州のみならず全国の野球人気を高め、日本中を元気にした。日本シリーズでのON対決をはじめ野球界への貢献も非常に大きい。

12球団で今、指揮官選びを腹をくくって実現してほしいのが、オリックスである。このチームは、これまで監督を決めることにおいては迷走を続けてきたと言わざるを得ない。1996年以来、優勝から遠ざかっているが、当時の光輝く「ミスター・オリックス」、イチローがいる。彼を監督に迎え入れるのが簡単ではないことは、十分に承知している。だが、オリックスの看板を背負う「役者」として、これ以上ふさわしい人物はいない。ぜひ近い将来、「イチロー監督」を実現してほしい。彼の指揮の下、メジャーリーグの良いところを思い切って取り入れた、スケールが大きい、強くて人気のあるチームをつくり上げてほしい。

●「複合ビジネス」としてのプロ野球——フロントの業務と組織

そもそもフロントとは、「球団社長以下、チームと球団のために諸々の業務に従事する、いわゆる背広組」を指す。チームと球団に大輪の花を咲かせるべく、地中に根を張って活動する黒子集団であり、常に「縁の下の力持ち」をめざしている。

日本のプロ野球の球団は、赤字を抱えているところが多い。本社から営業収入として一定額の補填をあらかじめ約束されている球団もあれば、本社は赤字額の補填にとどまる球団もある。いずれも本社によって支えられているのが、現状なのだ。

「年間の赤字額はここまでに抑えてほしい」というオーナーの要請を守ったうえで、フロントは球団経営に臨むことになる。限られた予算の中で、強くて、ファンから愛されるチームをつくることが求められる。

フロントの主な業務と一般的な組織は、次のようにまとめられる。

◇主な業務

1．常に優勝争いできるチームづくり
2．ファン拡大、集客アップ、売上増――経営を整える
3．地域への貢献
4．企業グループの核になって、グループのイメージアップを図り、求心力を発揮する

フロントの組織図（一例）

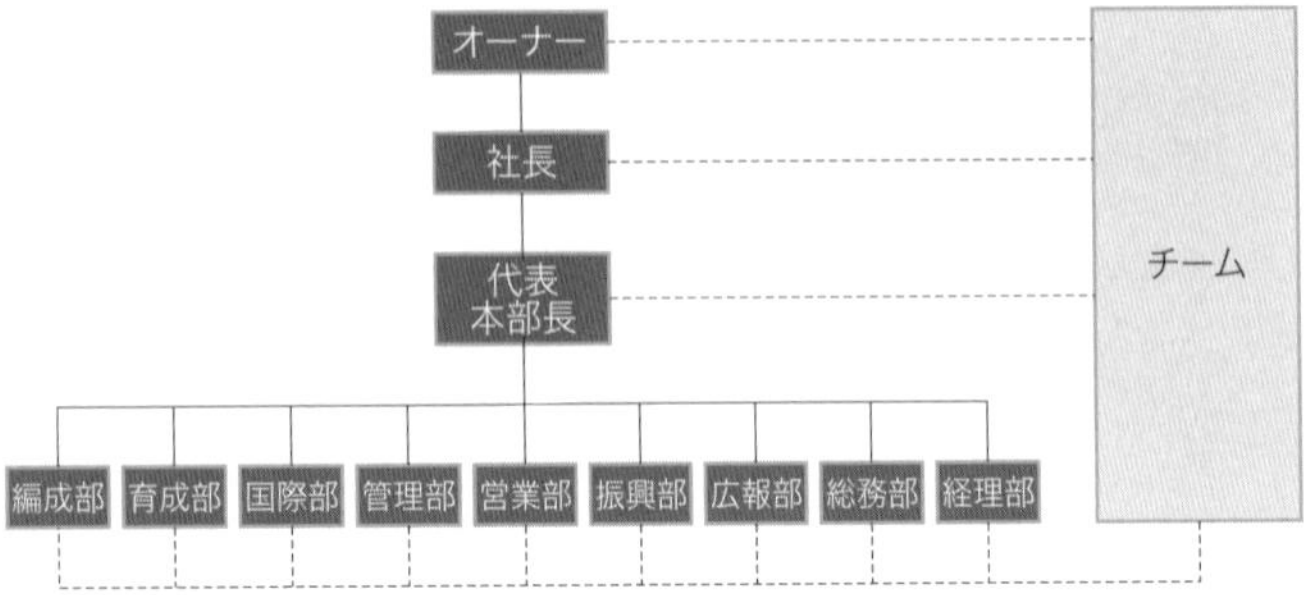

フロントは、これらの業務を「日本プロフェッショナル野球協約」（以下、野球協約）(*)を遵守したうえで当たることになる。野球協約とは、プロ野球を構成する団体と個人が守るべき規則を定めた「日本プロ野球界の憲法」と言われるものである。１９５１年6月に発効して以降、改定を重ねながら、今日に至っている。

◇組織

「球団代表」とは、野球協約第3章第11条（実行委員会の構成等）第3項の条文「実行委員会委員とは、この委員会において球団を代表するものとして各球団からコミッショナーに届け出られた当該球団役員1名をいう。」から、各球団が役職名としても使うようになったものである。

その下に、部レベルで「編成部」「管理部（運営部）」

「営業部（事業部）」「振興部（野球振興、地域振興）」「広報部」「総務部」「経理部」などがある。これ以外にチーム関連の部として、「育成部」や「国際部」などを持つ球団もある。

（＊）「日本プロフェッショナル野球協約」

野球協約の構成は、第1章 総則、第2章 コミッショナー、第3章 実行委員会、第4章 オーナー会議、第5章 有識者会議、第6章 参加資格、第7章 地域権、第8章 選手契約……と続き、第24章 日本シリーズ出場球団決定試合で締めくくられている。

さらに、野球協約とは別に、選手のフリーエージェント資格や行使などを定めた「フリーエージェント規約」、選手が入団時に球団と交わす「統一契約書様式」、ドラフト会議の規約「新人選手選択会議規約」、NPBとメジャーリーグ間の選手契約について定めた「日米間選手契約に関する協定」なども規定されている。

●チームづくりを担う「編成部」

編成は「チームづくり」であり、チームに何が欠けているのか、どのポジションの戦力が不足しているのかを考え、ドラフト、トレード、FAなどの手段で、選手を獲得補強するのが任務である。外国人選手の獲得補強も、チーム力を大きく左右する場合が多い。

アマチュアの有力な選手を獲得するのが、毎年秋に行われるドラフト会議である。アマチュア担当のスカウトは各球団とも8～10名で、地域別に分担し、高校、大学、社会人の選手を視察する。力のある選手を多く輩出する東京六大学や東都大学などの大学リーグには、所属する大学のOBをできるだけ配置し、人脈を生かして獲得に結びつける。スカウトはそれぞれの選手を、S、A、B、Cなどとランクを付けて評価。プロ志望なのかどうか、チームの監督の意向などもあわせて調査する。それらをスカウト会議で随時、報告し、他球団の動向も見据えながら、その年に獲得したい選手を決めて、ドラフト会議に臨むことになる。

私がそれぞれのチームで仕事をしていた頃のことを、例に挙げてみよう。

福岡ダイエーホークスは、「負け癖のついたチーム」から「常に優勝争いできるチーム」への変革をはっきりとめざしていた。そのために根本さんと王さんを監督に招聘し、ドラフトにとりわけ力を注いだ。当時はアマチュアのトップクラスの選手が、球団を逆指名できる制度があった。「強くて、魅力的なチームをつくるには、巨人をはじめどの球団と競合しても、絶対に負けずに選手を獲得する」という強い意思をもって、業務に当たった。

競合に負けた球団からは、「金を使えば、どんな選手だって取れる」ということもよく耳にした。だが、事はそれほど簡単ではない。

指揮官の魅力、球場の魅力、球団の大きな志、先手必勝、アマチュア野球界を味方にして有利に運ぶなど、「金」以外の多くの企業努力があってこそ、有力な選手を獲得できたのである。小久保、城島、井口、松中、柴原、永井、星野、篠原、杉内、和田らは、「強くて、魅力的なチーム」づくりに大いに貢献してくれた。彼らが刺激となって、南海時代からプレーしていた大道や、高校から入団した村松なども成長した。

それに対して、千葉ロッテマリーンズには、力のある選手がすでに相当そろっていた。スカウト陣の長年にわたる、地道で真面目な活動の賜物である。おそらく、フロント全体に「優勝を狙う」という意思はかなり希薄だっただろう。だが、スカウト陣は、自分たちにできる最大限の仕事を根気よく続けてきた。その結果、高校生を中心に優れた素材が集められた。

西岡、今江、サブロー、福浦、小野、そして、小坂、黒木、里崎らが加わり、チームを構成した。Bクラスの常連だったチームが２００５年に31年ぶりの日本一に輝いたのは、こうした選手がそろい、チームの力を存分に引き出すことに成功したからだ。

その要因の一つは、バレンタイン監督の指揮である。やや自信を失っている選手たちと同じ目線でコミュニケーションを取り、自信をつけさせ、120パーセントの力を出させる選手操縦のうまさ。データを駆使しながら、ときには、ひらめきや勘を交えた采配と選手起用も見事だった。

もう一つは、球場の規制緩和と指定管理者制度導入により、「舞台」が劇的に変わったことである。毎日のようにイベントが行われ、球場にもさまざまな設備やルーム、シートが設けられた。こうした結果、観客が急激に増えた。知事、市長はじめ地元の財界人や有名人が頻繁に球場を訪れ、選手たちを直接、激励した。

「舞台」が変わったことに選手は感激し、誇りに感じ、モチベーションも上がった。試合後も球場正面入り口のステージへ出向き、トークや歌を披露するなどファンサービスを行った。他球団では、とうてい考えられないことである。

2010年にはシーズン3位からクライマックスシリーズを勝ち上がり、日本一になるという下剋上を達成した。メジャーリーガー・井口資仁の加入が大きかった。ホークスを退団し、メジャーリーガーとして活躍後、日本球界に帰ってきた井口。これほどの大物を獲得するのは大変だったが、精力的な働きかけによって漕ぎつけることができた。井口は自身のキャリアを通して、勝つことの喜びと苦しさを選手に伝え、チームの精神的な支柱になった。

そして、現場、フロント、地域が一体となったチームワークのすごさも特筆に値する。

●選手の環境を整える「管理部（運営部）」

チームは生き物である。シーズン中には、予期せぬ出来事が次々と起こる。チームが1年間、常に最大限の力を発揮できるように支えるのが、管理部（運営部）の役割である。

選手のコンディショニングも、その一つ。アクシデントができるだけ少ないように、選手には、いろいろな手法で心身を整えさせる。キャンプの準備や選手のオーバーホールの体制をつくる。そして、オフにはそれぞれの選手について、シーズン中の査定に基づいた契約更改交渉に臨む。

管理部（運営部）の業務を語る上で、チームと選手のスケジュールは切り離せない。

◇プロ野球チームの年間スケジュール

12月、1月は「ポストシーズン」と言われ、選手会と日本野球機構（NPB）との取り決めで、球団が選手を拘束できない期間である。選手はシーズンの疲れを癒すとともに、来季に向けて自主トレを行う。一人で、複数で、あるいは他の競技の選手とともに、また海外で……とさまざまである。

2月は約1か月の合同練習のキャンプ、3月はオープン戦、4月から10月初めまでが公式戦（1軍143試合、2軍110～120試合前後）である。7月には、オールスターゲームも行われる。

公式戦終了後、セ・リーグ、パ・リーグともに上位3チーム、つまりAクラスのチームは、10月にクライマックスシリーズに出場し、それを勝ち上がったチームが10月末から11月上旬の日本シリーズに臨む。日本シリーズに出場できなかったチームの選手はそれぞれ、秋季練習や身体のケアなどを行い、10月が終わる。

11月は球団行事が目白押しである。スポンサーへの感謝イベント、ファン感謝イベント、選手会行事や球団納会など、選手たちは多忙な日々を過ごす。したがって、日本シリーズ出場チームは、秋季キャンプ、秋季練習、体のケアなどに割く時間はほとんどないわけだ。むろん、2軍の選手たちは十分に時間の余裕はある。

◇シーズン中の1軍選手・遠征先での一日のスケジュール（試合時間などおおよそのもの）

9時～10時：起床
11時～12時：食事。その後、ミーティングや体のケア
15時頃　：宿舎出発
15時半頃：球場着。打撃や守備練習、体のケアを行う。その間に軽食や打ち合わせ
18時　：試合開始
21時半　：試合終了
22時　：宿舎に戻る。食事や身体のケア
2時～3時：就寝

本拠地での試合も、大差はないと考えていい。ただ、ホームゲーム時の球場入りは13時前後。当然、ホームの方が、体のケアも練習も制限なく、十分にできる。

遠征は、ハードな場合もある。たとえば、オリックスで言えば、日曜日にデーゲームを終えて、札幌（北海道日本ハムファイターズ戦）あるいは仙台（東北楽天イーグルス戦）から帰阪する際だ。特に札幌からは関西国際空港に22時過ぎの到着となる。神戸方面に住

む選手が多く、家に着くと日付けが変わっていることも珍しくない。

キャンプ地の選定・運営も、管理部（運営部）の大きな仕事である。

「キャンプ」とは、春は2月1日から約1か月、秋は11月1日頃から約3週間程度の合同練習を指す。

春のキャンプでは、1年間のシーズンを戦うための心技体の準備、あらゆるチームプレーのすり合わせを行う。同時に、開幕時のチーム内での選手の位置付け（レギュラーか控えかなど）が決まる。つまり、選手にとっては戦いの場でもある。一方、秋のキャンプは、若手中心に課題を設け、鍛錬する場となる。

キャンプ地をめぐっては、私もさまざまな経験をしてきた。

福岡ダイエーホークスは1年目、杉浦監督の意向で春の1軍キャンプを、ハワイ・カウアイ島で行った。しかし、雨天が続いて満足な練習ができず、翌90年は沖縄・読谷村に変更した。だが、ここでも雨にたたられてしまう。次年度はキャンプ地を再び探さざるを得なくなった。私はその中心になって動いたが、なかなかいい場所が見つからなかった。

途方に暮れていたところ、タイミングよく高知から話が舞い込んできた。以来、春・秋ともに1軍、2軍ともども高知でキャンプを開くことができた。

その結果、99年に初のパ・リーグ制覇と日本一、2000年には日本シリーズでのON対決、そして、2003年に再びパ・リーグ制覇と日本一に輝くことができた。高知には今後、少しでも恩返ししたいと思っている。

千葉ロッテマリーンズは、八重山商工の大嶺祐太投手の入団を機に、2008年、春季キャンプ地を鹿児島市から沖縄・石垣島に移した。石垣市は精力的に新しい施設をつくって、努力してくれている。秋季キャンプは、地元の千葉・鴨川市で行っている。本多元市長をはじめ鴨川市民の地元愛、ロッテ愛で実現できた。

●球団の売上を牽引する「営業部（事業部）」

1軍の公式戦の試合数は現在、年間143試合。その内訳は、同一リーグの各球団と25試合ずつ対戦しての125試合、残り18試合は異なるリーグとの対戦（交流戦）による。主催試合は71試合か72試合（同一リーグでは62試合か63試合、交流戦9試合）である。

セ・パ両リーグでそれぞれ3位以内に入ったチームがクライマックスシリーズを戦い、日本シリーズへと続く。試合はコミッショナー管轄の日本シリーズを除き、レギュラーシ

プロ野球球団の売上高の内訳（一例）

（百万円）

興行収入	シーズンチケット売上	1,000
	主催ゲームチケット売上	2,000
	オープン戦その他	20
	放送収入	500
	計	3,520
その他収入	コンテンツ収入	500
	ファンクラブ収入	500
	広告・協賛収入	2,300
	商品収入	1,500
	飲食収入	1,500
	球場関連収入	80
	その他収入	100
	計	6,480
計		10,000

（注）
＊シーズンチケット売上……年間予約席の売上
＊コンテンツ収入……球団のロゴを、他社が使用する際の権利料など
＊商品収入……グッズの売上
＊球場関連収入……球場を他の会社や団体に貸す際の使用料、試合開催日における球団所有地での販売業者の場所使用料、球場内の見学入場料など

ーズンとクライマックスシリーズの収入のすべては、試合を主催する球団に入る。

現在のプロ野球球団の1年間の入場者数と売上高は、球団の間で差はあるが、平均すると入場者数約２００万人、売上高約１００億円ほどである。

売上高の標準的な内訳は、上の表をご参照いただきたい。

それらの売上を構成する事業に当たるのが、「営業部」と「事業部」である。業務は、主に次の7つに分けられる。

1. チケッティング事業

チケット事業はすべての事業の起点であり、ここから購入者の動向や意向を読み取ることができる。「もう一人、もう一回」と売り続ける意志が重要である。

2. スポンサーシップ事業

企業にスポンサーになってもらう事業である。ネーミングライツ、スタジアム広告看板、記者会見バックボード、大型ビジョン広告、公式メディア内広告、ユニフォーム等広告、冠スポンサーなどがある。

3. ライセンス事業

球団の知的財産権（プロパティ）の使用権を、別の事業者に販売する事業。事業者は使用権を買い取って商業行為を行う。コナミの野球ゲームや、しまむらの野球Tシャツなどが、それに当たる。

4. 放送事業

テレビ、ラジオ、ネット等の番組として放送や配信する権利を、テレビ局等に販売する事業。

5. デジタル配信事業

国内外の非放送局（OTT事業者）がこれまでの放映権を凌ぐ権利料で権利を取得している。DAZNやソフトバンクが、すでにサッカーのJリーグや、バスケットボールのBリーグと大型契約しているが、プロ野球も同様の契約がほしいところである。

6. スタジアム事業

一般企業と異なり、スポーツビジネスは圧倒的に営業日が少ない。JリーグやBリーグの主催試合は年間20~30日、プロ野球も公式戦70日＋αである。そのため試合が行われないときも球場を活用し、他の価値を生み出す必要がある。

7. ファンクラブ、アカデミー事業

ファンクラブ会員にさまざまな特典をつけて、ファンを増やしていく。特典には、優待割引入場チケット、グッズ、イベントへの優先参加、試合前練習のベンチ前での見学、選手との食事会への参加など、各球団が知恵を絞り、新しい企画を生み出している。アカデミーとは、子どもたちを対象にしたもの。選手やOBらが定期的に野球を指導する「ベースボール・アカデミー」、試合中にチームを応援するチアダンスを教える「ダンス・アカデミー」がある。

プロ野球ビジネスは、A球団単独ではビジネスにならず、A球団とB球団が試合をして初めて成立する。「新しい試合」という新商品を考えることは、とても大切になる。

２００４年の球界再編騒動を機に、翌05年から始まったセ・パ交流戦は、新規に開発された商品であった。今後も、球団数増による新しい対戦カードや海外球団との公式戦など、新しい商品の開発を検討、議論していかなければ、事業規模は大きくならないのではないか。２０２０年の東京オリンピックを控え、アジア・マーケットの開拓も視野に入れるべきだろう。

もう一つ、新たな動きとして挙げられるのが、パ・リーグ6球団が２００７年に共同出資して設立した共同出資会社のパシフィックリーグマーケティング株式会社（ＰＬＭ）である。とかく球団同士が利害で対立する球界にあって、その垣根を越えてリーグを繁栄させることが目的だった。

公式戦全試合をライブ動画で配信する「パ・リーグＴＶ」、各球団の公式ウェブサイトの企画・運用・管理などＩＴサービスを中心に、６球団共同のプロモーションやイベントの企画なども手がけている。

●選手との年俸交渉、そこにおけるドラマ

その年のシーズンが終わると、選手たちと年俸交渉を行うことになる。各球団とも投手、野手につき、細かい査定項目が設けられている。

たとえば、野手の場合なら、安打数（ヒットの数）、本塁打数、打率、得点圏打率、打点など打者としての数字から、守備での成績と、それらがチームの勝利にどこまで貢献したのか、査定担当のスタッフが数値としてはじき出す。同じ1本のヒットでも、勝敗がほぼ決した時点で打ったものか、逆転勝ちのきっかけになった一打かで、査定ポイントは異なるわけだ（査定の対象は1軍での試合成績のみ。2軍以下は対象にならない）。さらに、そこにその年のチームの成績も加味される。優勝すればポイントは上がり、最下位なら下がる。

契約交渉はその査定ポイントをベースに、最終的には球団社長（球団によっては本部長）が決裁する。「今シーズンの活躍ぶりから、もう少し上乗せしよう」といったプラス、あるいはマイナスの評価を合わせて年俸を決め、選手に提示する。

首尾よく交渉がまとまれば、「自主トレは誰といっしょにやる予定なのか」「故障には注

意するように」など、来季の期待を込めて選手一人ひとりに応じて声をかける。

だが、こちらの提示額に納得せず、選手が保留することもある。「あの試合で打ったのだから、貢献度はもっと高いはずだ」「数字には表れない、チームリーダーとして貢献したことが評価されていない」「今季の成績は確かに良くなかったが、これまでの実績を踏まえてほしい」などと反論し、年俸の上積みを求めてくるケースだ。

しかし、球団の予算が限られている中で、選手の要求にはそのまま応えられない。重ねて交渉し、相互に歩み寄り、合意にこぎつけることになる。それでも合意を得ない場合、球団と選手はコミッショナーに対して年俸調停を申請し、調停の結果、年俸が決定される。

年俸の減額については、野球協約で制限が設けられている（第12章「参稼報酬の限界」）。1億円超の選手の場合、減額は40パーセントまで（2億円なら減額は8000万円まで）、1億円以下なら減額は25パーセントまでと定められている。それ以上、減額する場合は選手本人の同意が必要となる。選手が納得できなければ、自由契約を選び、他の球団との交渉も可能となる。

年俸減額をめぐっては、私には忘れられない思い出がある。ダイエーホークス時代、王監督1年目の95年シーズン終了後の契約更改のことだ。

その前年、94年のシーズンオフは王監督を迎えるにあたり、中内切オーナーの号令でチーム強化のために大盤振る舞いをした。西武ライオンズからフリーエージェントで獲得した野手・石毛宏典とは、もはや全盛期を過ぎていたにもかかわらず、2億円という高額で契約。「石毛と同世代で同格の選手も、同額にするように」との中内さんの指示で、左の好打者・カズ山本（山本和範）とも2億円で契約を結んだ。リーグ2位の打率3割1分7厘を挙げるなど「恐怖の2番打者」として活躍したとはいえ、当初、私が考えていたのは8000万円だったから、破格の額である。

ところが、期待されて迎えた95年。カズ山本は開幕間もない試合で肩を痛め、わずか46試合の出場にとどまった。私たちフロントは、減額制限を超える50パーセントダウンの1億円を提示した。

だが、交渉を何度重ねても彼は納得しない。95年の春季キャンプは、王監督がベテランにも若手と同様の厳しい練習を課していた。カズ山本は、その負担が故障につながったと主張した。「僕はケガをしたくて、したんじゃない。監督が王さんじゃなかったら、こんなことにはなっていなかった」とまで言い出した。

これには、私も堪えきれなかった。「ふざけるな。一流の野球選手が2億円ももらっていて、なんという物の言い方だ。王さんに来ていただいたことをありがたいと思って、王さんを超えるような練習をせんといかん。もう勝手にせえや！　今年、あんたに2億円を払ったのは、金をドブに捨てたのといっしょなんや！」。感情を抑えきれず、そのままぶつけてしまった。

カズ山本は「瀬戸山さんのことは友だちだと思ってきたけど、そんなことは言われたくない」と吐き捨て、交渉は決裂。彼は記者会見を開き、そこでも怒りをあらわにした。結局、自由契約となり、近鉄バファローズへ移籍してしまった。

若気の至りだったとはいえ、今、振り返っても痛恨事である。カズ山本にも申し訳ないことをした。いつ、いかなる場合でも、フロントは冷静に対応しなければならない。身につまされた出来事だった。

一方で、選手に対して心配りができたと思えた出来事もある。

同じくダイエー時代、「炎の中継ぎ」と称された投手・藤井将雄との年俸交渉である。藤井は、ダイエーホークスが初優勝した1999年に59試合に登板、リーグ最多の26ホールドを挙げ、優勝に大いに貢献した。

ところが、その年のシーズンオフの健康診断で肺がんだと診断される。医師は「余命は長くて1年」だという。契約はどうするか。ビジネスライクに考えれば、解雇はやむを得ないと言える。しかし、私はここでこう思った。われわれの仕事とは、人々に夢や希望や元気をもたらすことではないだろうか、と。

藤井の病気のことがわかったその日に、私は中内切オーナーに報告した。オーナーの「できる限りのことをしよう。藤井を大事にしてあげよう」との言葉に、私は「もちろんです。球団としても藤井の治療に最大限の努力をするとともに、査定通りで契約更改します」と答えた。オーナーは「そうね」と快く了承してくれた。

こうして、藤井とは来季も契約を結ぶことをいち早く決めた。その後、「もう一度マウンドに立ちたいという気持ちが、病気に打ち克たせてくれるかもしれない」と、家族から切なる願いも受けた。年俸は99年の活躍を反映した査定通り、前年の2500万円から倍増の5000万円で更改。本人には「間質性肺炎」と伝え、療養して、一日も早く復帰するよう励ました。

藤井は病と懸命に闘った。入退院を繰り返しながら、気力と体力を振り絞り、2軍戦で6試合登板するまでの驚異的な快復ぶりを見せる。しかし、病状は急変。日本一をかけた長嶋巨人との「ON対決」目前の、2000年10月13日、その生涯を終える。
藤井との年俸交渉は今も忘れられない。だが、あのとき、年俸を倍にして良かったと思っている。

●首脳陣と裏方の年俸――モチベーションを上げるための工夫

選手の年俸がそれぞれの成績をもとに決められるのに対して、監督やコーチの年俸はひと言で表すなら「格」によるといっていい。ダイエーホークスに王監督を招いたときは、年俸1億5000万円の5年契約を結んだ。

そして、年俸の増減は、ひとえにチームの成績に応じたものとなる。たとえば、監督の場合、優勝したらプラス1000万円、2位ならプラス500万円……と順位に即してインセンティブを設けている。コーチもその金額は少なくなるが、同様である。チームが勝つことが、首脳陣の年俸アップに直結するというわけだ。

また、監督には、選手との食事代などを含めた交際費として、年間500万円といった額を支給している。一年を通して、選手たちとコミュニケーションを交わし、チーム一丸となって、試合に臨んでもらうためである。

一方、打撃投手やブルペン捕手、スカウトなどチームの裏方に対しては、年俸の査定はしない。本社の社員のベースアップと同様に扱っている球団が多いだろう。

ただ、誰もが一律に評価されるのでは、モチベーションが上がらないのではないか。私はそう考え、多少の査定を行った。

ブルペン捕手ならキャッチングがうまく、投手の気持ちをうまく乗せられる人、ピッチングフォームの乱れなど的確なアドバイスができる人。打撃投手の場合は、コントロールが良く、打者が気持ち良く打てる人、投球数が多くなってもそれに耐えられる肩のスタミナがある人。わずかな額ではあるが、こうした人たちの年俸を上げた。

彼らの力量は、キャンプで見定めた。選手の動きを見る以上に、私は裏方に注目してキャンプに臨んでいた。自分の目で見て、耳で聞いたことを判断の軸にした。これも、中内切さんから教わった「現場主義」のゆえだと思う。

スカウトについては、有力な選手の獲得に力を尽くした人などを評価し、年俸に反映させた。

チーム力を向上させるには、選手や首脳陣はもとより、裏方の力も欠かせない。年俸の査定を通して、彼らのモチベーションを上げることに努めた。

監督や選手の胸の内を聞こうと、食事や酒をともにして、コミュニケーションも図った。連敗が続くと、監督に対して「率直のところ、どうなんだ？」などと声をかけ、チームの舵取りについて腹を割って話し合った。選手とも1対1で話したり、フロントも選手も複数で集まったりして、ざっくばらんに言葉を交わす機会をつくった。

かつて西武ライオンズやダイエーホークスで球団代表を務めた坂井保之さんは、よくこう言っていた。

「いいか。選手が大輪の花を咲かすために、われわれフロントは地中に根を張って、地中で仕事をするんだよ。チームを強くするためには、あるときは選手に厳しく接し、あるときは選手の盾となって彼らを守る。人間的にも技術的にも選手を成長させるのが、われわれの役割なんだ」

私も、これに深く同意するものである。

球界再編騒動──プロ野球界が問われた

●オーナーと選手会との狭間で

プロ野球界のあり方について深く考えさせられたのが、2004年に持ち上がった「球界再編騒動」である。

「近鉄球団　オリックスに譲渡交渉」「球界再編の可能性」

同年6月13日付の日本経済新聞の朝刊に、この見出しが躍った。当時、私は福岡ダイエーホークスを退任し、千葉ロッテマリーンズの球団代表に就いたばかり。まさに、「寝耳に水」の出来事だった。大阪近鉄バファローズは長年の赤字で、やむなくオリックス・ブルーウェーブとの合併を決断したという。

そして、新聞報道の翌日、私は重光昭夫オーナー代行と濱本英輔球団社長からロッテ本社（東京・新宿）に呼び出され、こう言われた。

「プロ野球12球団の多くは、相当の赤字を抱えている。その中でも、とりわけ経営難で困っている球団が、実はもう一つある。ロッテはここで、球界を救う白馬の騎士になろうと思う」

明かされたのは、私の古巣であり、経営再建中の福岡ダイエーホークスと、ロッテとの合併構想だった。

「私がここ（ロッテ）に招かれたのは、球団の立て直しが目的ではなかったのですね。ホークスと合併するためだったというわけですか。もし、そういうことなら、帰らせてもらいます」

そう言って、憤る私を重光オーナー代行は「強引には進めないから」と懸命になだめ、内々に調査を進めるよう求めた。ロッテとダイエー、それぞれのチームから優秀な選手を40人ずつ選び、新球団の支配下選手リストをつくるよう指示された。

しかし、ホームスタジアムはどうするのか。千葉と福岡の2つというわけにもいかない。ロッテはバレンタイン、ダイエーは王という各監督の下、すでにチームづくりがなされている。どう見ても、この合併がうまくいくとは考えられなかった。今思えば、当時すでにソフトバンクがダイエーに身売りを打診していたのかもしれないが、結局、この合併は暗礁に乗り上げた。

近鉄とオリックスの合併がパ・リーグの緊急理事会で承認される中、選手の労働組合・日本プロ野球選手会は、経営側である日本野球機構（NPB）に対し、合併についての説明を求めた。私はロッテの球団代表に着任後、選手会との交渉（労使交渉）に当たるNP

Bの選手関係委員長に就いていた。古田敦也選手会長（ヤクルト）をはじめ、事務局や弁護士ら選手会側と交渉を始めることになった。

根来コミッショナーは「会社と会社との合併吸収は商法上の問題であり、第三者は介入できない」という立場を取っていた。それに対し、選手会は「突然に合併されたら、われわれ選手は職を失ってしまう可能性がある。これは労使交渉の事項だ。合併は1年間延期し、じっくり議論してほしい」と訴えた。

だが、球団の合併構想については、われわれ各球団のフロントも何も知らされていない。もっぱらオーナーたちの間だけで話が進められていた。選手会に詰め寄られても、「具体的なことはわからない」と答えるしかなかった。苦しい立場が続いた。

さらに7月7日、西武の堤義明オーナーが「もう一つの合併が進行中である」とメディアに明かしてしまう。セ・リーグと合併し、1リーグ10球団への移行にも堤オーナーは意欲を見せていた。「選手会がオーナーたちとの話し合いを求めている」と報道陣に問われた巨人の渡辺恒雄オーナーの発言が、さらなる波紋を呼ぶ。

「無礼なことを言うな。分をわきまえなきゃいかんよ。たかが選手が。たかが選手と言ったって、立派な選手もいるけどね。オーナーと対等に話をする協約上の根拠が一つもない」

選手会は近鉄・オリックスの合併にあらためて反対し、「12球団、2リーグ制の維持」を世論に訴えた。各球団の選手たちが、合併反対の署名を球場で呼びかけるなど、選手とファンの反発は大きくなった。そして、新興のインターネット関連企業、ライブドアが近鉄の買収ににわかに名乗りを上げる。同社の社長、「ホリエモン」こと堀江貴文氏が一世を風靡する。

球界再編は、世間を騒がせる出来事となっていく。

●プロ野球史上初のストライキへ

選手会は、近鉄・オリックスの合併の1年間延期と、12球団を維持するための球団の新規参入などを求めた。それらが受け入れられないのなら、9月中の毎週土曜、日曜の公式戦でストライキを実施すると言明した。

私たち経営側は選手会との交渉を重ね、いったんはスト回避に持ち込む。この交渉後の記者会見で、私が古田選手会長に握手を拒まれた光景は話題になった。選手たちの不信感が伝わってくる一幕だった（後日談だが、古田とはその3年後、アマチュア野球の普及・

いったんはストライキ回避に持ち込んだ（スポーツニッポン2004年9月11日付）

発展に輝かしい実績を残した松永怜一氏の野球殿堂入りパーティーで握手をやり直して「和解」した）。

　しかし、その後の交渉で合意には至らず、ついに9月18、19日、プロ野球史上初のストライキを迎えてしまう。セ・リーグ、パ・リーグの計12試合、2軍戦のイースタン・リーグ計5試合が中止となった。

　このストライキにより、選手会とファンとの結束力はますます強まったように思えた。プロ野球はオーナーやNPBの私物

プロ野球初のストライキに突入（日刊スポーツ2004年9月18日付）

でなく、これからのプロ野球の方向性は、自分たちも参画して決めていくのだという意志を感じた。一部のオーナーやNPBにとってはまさかの展開であったし、私も選手会やファンの情熱とパワーに圧倒された。そして、この騒動が一日も早く収まってほしいと思ったと同時に、今後、選手とともに球界について考えていく、いいきっかけになればと願った。

　ストを受け、私たち経営側は選手会の要求に沿うことにした。翌2005年からの新規参入を希望する球団を受けつけ、セ・パ各6球団の2リーグ制で運営していくことを提案。選手会もこれを受け入れ、以後のストは回避。2004年シーズンは何とか幕を閉じることができた。

新球団に名乗りを上げたのは、ライブドアと、同じくIT関連企業の楽天だった。NPBは審査小委員会を設置し、両社にヒアリングをして、財務状況などを審査した。その報告を受けた実行委員会（各球団の代表者で構成）、オーナー会議はいずれも全会一致で、楽天の参入を承認した。こうして11月2日、仙台を本拠地とする新たな球団、「東北楽天ゴールデンイーグルス」が生まれたのである。

経営者らが「密室」で進めようとした球界再編は選手会やファンを巻き込み、選手会との交渉の矢面に立った私は連日、報道陣に追いかけ回され、球団の通常業務もまともにできる状態ではなかった。ロッテ球団や自宅には一部のファンから脅迫状が届き、日本中を「敵」に回したような思いだった。

2004年の球界再編騒動。それは、経営者と選手の共同歩調による「開かれた球界」が求められていることを私たちに示した。そして、何よりもプロ野球はファンによって支えられていることを思い知らされた出来事だった。

3人のリーダー

ダイエー、ロッテ、オリックスと3球団でフロントの仕事をしてきた間に、私は数多くの選手たちと出会ってきた。その中で、今後のプロ野球を背負っていくリーダーとして期待している人間がいる。

小久保裕紀、サブロー（大村三郎）、田口壮。

いずれも現役時代、輝かしい成績を残し、チームの勝利に貢献したプレーヤーだ。それぞれ持ち味は違うが、指導者としての資質においても優れたものを持っている。この3人をはじめ、これからのプロ野球を引っ張っていくリーダーたちの奮闘に期待する。

●小久保裕紀——侍ジャパンを率いた若き闘将

1993年、小久保はドラフト2位で福岡ダイエーホークスに入団した。巨人を筆頭とする常勝球団よりも、弱小球団のホークスをあえて選んでくれた。もちろん、大いに迷っただろうが、最新の設備を整えた福岡ドームで、「世界の王さん」のもと「新しい日本一軍団をつくりたい」という強い気持ちを抱いていた。

しかし、プロの世界はそれほど甘くはない。鳴り物入りで入団したものの、なかなか結果が出なかった。福岡ドームの室内打撃練習場で、ナイトゲームの後、日付けが変わっても打撃マシンに向かう姿が、今も胸に残っている。

もう一つ、強く印象づけられたのが、挨拶をはじめとした礼儀正しさだ。グラウンドに入るときと引き揚げるときには、必ず深々と一礼をした。野球に真摯に臨む姿勢と信念を感じた。

王監督就任後、チームは厳しい戦いがしばらく続いた。96年には、日生球場での近鉄戦の後、チームバスが多くのファンに取り囲まれ、大量の生卵を投げつけられ、立往生する事件も起こった。小久保はそのバスの中で、「必ず日本一軍団をつくってみせる」とあらためて決意を口にしていた。

小久保の入団後、城島、井口、松中、柴原ら強力な打者が次々と入団した。当初は悪戦苦闘していたが、切磋琢磨し、成長していった。春の高知キャンプで、「俺が誰よりも多く球を打つんだ」とばかりに、日が暮れるまで競い合っての練習風景は、今も私の目に強烈に焼きついている。その後、ホークスは強くなった。小久保は、試合でも練習でも先頭に立ってナインを引っ張り、キャプテンシーを大いに発揮してくれた。

そして2013年10月1日、小久保は侍ジャパン代表監督に就任する。チームを率いた1278日の記録は、彼の著書『開き直る権利』（朝日新聞出版）で詳しく述べられている。根底に流れる「開き直りの精神」と「小久保野球の精神論」は遠い昔、福岡ダイエーホークス入団を決意したときから培われてきたものだろう。

小久保は本の「おわりに」の最後で、「またいつか、僕はユニフォームを着てグラウンドに戻るつもりです。そのときには今回の経験が大きく生きることでしょう。ぜひ、再びグラウンドでお会いしましょう——」と結んでいる。

「またいつか」ではなく、「近いうちに」、それを実現してほしい。

侍ジャパン代表監督の任期を終えて間もない、2017年3月、博多の寿司屋で食事をして、3年半の労をねぎらった。今後の話になったとき、私は一気にこう話した。

「次は12球団のどこかで監督だな。早いほうがいいぞ。ソフトバンクホークスが一番いいかもしれないが、いろんなタイミングの問題もあるから、巨人、阪神、中日などチャンスがあればいいな。俺も一緒に探そうか」

小久保は黙って聞いているだけだったが、侍ジャパン代表監督の経験を通して、指導者としても大きく成長したと私は思っている。彼は選手一人ひとりとコミュニケーションを交わし、特徴や個性を的確に把握し、タイムリーに手を打って、試合に臨んでいた。

たとえば、日本ハムのスラッガー・中田翔である。監督就任当初から「中田翔を侍ジャパンの4番に」と言い続けてきたが、野球の世界一を争う「ワールド・ベースボール・クラシック」（WBC）では打順を4番ではなく、5番に変更して起用。7試合で3本のホームランを放つなど、彼の力を引き出した。

小久保は、本の中でこう綴っている。

「中田翔——（略）WBCでは筒香嘉智に4番の座を譲ってしまいました。肩の荷が下りたことで、本来の力を発揮してくれましたが、中田には、ぜひ本物の4番になって欲しいと思います。実力も才能も超一流のものを持っているのですが、彼には野球に取り組む姿勢をもっと意識してほしいと願っています。子どもの憧れの存在でもある中田には、ぜひその辺りを期待しています。日本でも有数の長距離砲として、まだまだ伸びていく存在だと思います。その点では、僕にはまだまだ物足りません」

中田翔をはじめ選手たちが、小久保監督にあらためて敬意を表し、憧れを持ったことは、メディアでも数多く報道された。コーチやスコアラー、マネジャー、管理栄養士なども、小久保流のコミュニケーションをつくり上げていたと思う。

彼を監督に迎えたチームは、チーム内の組織づくりや技術力などにわたって、ベテランから若手への伝承もうまくいき、強くなることは間違いない。子どもたちのお手本になる野球をしてくれるだろう。

●サブロー――「縁の下の力持ち」としてGMをめざす

口下手で不器用な男だが、野球への情熱と、義理人情では誰にも負けないものを持っている。

サブローは、監督やコーチなど現場のユニフォーム組ではなく、フロント業務に就いて、球界やチームに貢献したいと考えている。中でもゼネラル・マネジャー（GM）のような仕事に携わりたいという気持ちが強い。

PL学園から1994年ドラフト1位でロッテに入団し、ロッテ愛ならびに千葉愛もとてつもなく強い。現在はロッテのスペシャルアシスタントを務めながら、千葉の中学生チームの運営にも当たっている。将来の夢は、プロで通用する選手を千葉で育成し、地元のプロ球団に入団してもらい、2005年、2010年に日本一になったロッテのようなチームをつくること。自身がGMとなり、常勝軍団をつくり続けることだ。私との多くのコミュニケーションも、彼のＧＭ志向に拍車をかけたのかもしれない。

選手時代のサブローと最初にじっくり話したのは、２００４年オフの契約更改交渉のときだった。ＦＡ移籍を考え、高額年俸を希望していたサブローに、「年俸額だけが全てではないだろう。サブちゃんなら、それはよくわかってくれるはずだ。生え抜きのリーダーになってくれないか」と話した。サブローは気持ちよく了解してくれて、一発で契約書にサインした。「チームが優勝できるよう、それぞれの立場で精いっぱい努力していこう」と誓い合った。

そして２００５年、31年ぶりのパ・リーグ制覇、日本一を勝ち取る。サブローは4番打者としてチームを支えるかたわら、成績不振で2軍に落ちたチームメイトを激励するなど、一人でいろんな役を買って出てくれた。

２０１０年、選手会長を務めていたときも、球団社長の私のところにしばしば顔を出した。試合のことから雑談まで、よく話をした。密なコミュニケーションが図られ、フロントとチームの雰囲気はとても良かった。そして、下剋上での日本一を勝ち取った。

「先頭に立ってチームを引っ張るよりも、縁の下の力持ちとしてチームを側面から支える方が、自分の性格に合っている」と当時から考えていたのだろう。

今年（2018年）、スタートした井口監督率いるロッテには、ぜひ優勝争いをしてほしいと私は思っている。そして、いずれは井口に侍ジャパンやメジャーリーグ球団の指揮官になってもらいたい。そのとき、井口の後を継ぎ、千葉の球団を引っ張っていくのは、サブローや福浦、里崎たちであってほしい。

サブローはGMになるべく、今さまざまな勉強をしている。GMをはじめフロント業務で球団に貢献したいと考えているようだが、そのためには大きな目標と情熱も必要だし、チームのために自ら泥をかぶる覚悟や奉仕の精神、自己犠牲も欠かせない。また野球以外に、組織論や経営、人事など学ぶべきことは数多い。GMとは決して生やさしい仕事ではない。これから幾多の困難を乗り越えて、立派なフロントになってほしいと思う。

●田口壮——日米の野球を知り尽くすニューリーダー

2012年の現役引退後、田口が野球解説者やラジオパーソナリティーとして活動をしていた頃、ゲーム前のグラウンドや、キャンプ地などで言葉をよく交わすようになった。彼に対する私の印象は、「気さくに会話する好青年。そして、やはり華がある」。オリックスが福岡でソフトバンクに惨敗した翌日、朝一番の博多駅で「おはようございます。大変ですが、頑張ってください」とわざわざ球団本部長の私に声をかけてきたこともあった。

会話を重ねるうち、「田口には、これからのオリックスを担う指導者の一人になってもらわないと」と考えるようになった。２０１５年初夏、こちらから初めてそういう話を切り出した。

現役時代、田口はオリックスで、シュアなバッティングと堅実な外野守備で、１９９５年、96年のリーグ連覇に貢献した。その「強肩」は、福岡ダイエーホークス側の球団代表として試合を見ていた私の目に強く印象に残った。

しかし、遊撃手としてのデビュー当時は、「スローイング障害」や「突発性難聴」で苦しんでいた。それらを乗り越えて、阪神大震災後、「がんばろう神戸」のかけ声のもと、自身もプレーヤーとして成長した。アメリカへ渡ってからもメジャーになかなか定着できず、言い表せない苦労の連続だったが、めげることなく這い上がり、２００６年にはセントルイス・カージナルスのワールドシリーズ制覇に貢献している。

田口はそのスマートでソフトな顔つきやルックスと裏腹に、日本でもアメリカでも現役生活の大半は、泥沼を這いつくばって、もがき続けるような野球人生を送ってきた。その結果、栄冠をつかんできたからこそ、選手たちにときには厳しく、ときにはやさしく接することができる。しかも、日米の野球を知り尽くしている。当然のことながら、外国人選手とのコミュニケーションも全く問題ない。そして、田口には人を引き寄せる華がある。

オリックスの2軍監督への就任を受諾してくれるまでには、相当な時間がかかった。何度となく交渉したが、そのたびにチームの育成方針や個々の選手について、さらにはフロントのことに至るまで、本当に熱心に質問してきた。たぶん私は、その真剣な質問に半分もまともに答えられていなかっただろう。私は、「その質問の答えは、あんたがチームに入ってきて、自分で出せ」とばかりに、「早くイエスと言え」と迫った。田口は田口で、「ひつこく、しぶといですね」と私に繰り返した。

「初めての2軍監督」と自身の立場を謙虚に表して、今年（2018年）で3年目。選手や評論家とは違う気苦労も多いのだろう。体調を崩したこともある。指導者として、これから苦難が待ち構えているだろうが、成長の糧にして励んでほしい。

「選手とともに進む」という姿勢は、選手のみならずコーチの共感もすでに得ている。「90分間走」といったとても厳しい練習も、明るくこなしていくという田口の考え方は、チームを一つに結束させ、成長させていくだろう。オリックスは、福良監督で基礎固めをしてAクラス入りし、田口監督で大きく花開くことを心から期待している。

球団と球場一体化改革

●先見的だった千葉ロッテでの取り組み

２００４年の球界再編騒動の際、一部のオーナーは1リーグ10球団ないし8球団にすることを目論んだ。それ以前から、特にパ・リーグの各球団は赤字が増え続け、年間40億円を超える赤字に苦しむ球団もあったほどだ。

往年の大投手・江夏豊は、日本経済新聞「私の履歴書」の中で、阪神から南海（現ソフトバンク）にトレードされたときのことを次のように記している。

「南海行きには都落ちの感があった。阪神の本拠地、甲子園は連日4万、5万の大入りなのに、わずかに離れた阪急（現オリックス）の本拠地、西宮球場は閑古鳥が鳴いていた。鈴木啓示（近鉄）が『パ・リーグは寂しい』とぼやくのを何遍も聞いていた。南海の本拠地、大阪球場も難波の一等地にあるにもかかわらず、客は入らなかった。甲子園の熱狂にはほど遠く、寂しさが募るばかり」（２０１7年12月23日付朝刊）

当時は、集客も放映権料も何もかもが群を抜く巨人戦、阪神戦は、どの球団にとってもドル箱だった。対戦がないパ・リーグの球団もその恩恵を受けて、球団の収支を改善したいという意向が強かった。

「大きな赤字に苦しむ球団を淘汰して、1リーグにすれば……」との思いから、球界再編の大騒動になった。ところが、選手会やファンの強い反発を受けて、日本プロ野球史上初のストライキにまで至り、セ・パの2リーグ制は継続されることになった。その後、セ・パ交流戦が実現される。

しかし、時代は変わった。セ・パ各球団ともそれぞれの経営努力で新しい価値を創造しなければ生き残れなくなった。それができなければ、野球界のために新たな知恵を持つオーナーにバトンタッチするべきだろう。そして、球界全体を采配するのは、コミッショナーの大きな役割の一つだと思う。

今、「新しい経営努力」の一つの柱は、「球団球場一体化改革」である。現在、12球団のうちの8球団が内容は異なるが、「一体経営」となっている。それは、パ・リーグのほうが先んじている。

2004年から「一体経営」を進め始めた千葉ロッテは、その先駆けだったと私は自負している。ロッテの球団代表に就任するや、私は球場と球場周辺の「規制緩和」と、「まちづくり」に挑んだ。

「まちづくり」については、スタジアム最寄りのJR海浜幕張駅を中心に変革する程度にとどまったが、選手たちのポスターを駅構内に貼った「駅ジャック」や、駅のホームで「マリーンズ応援歌発着メロディー」を流すなど、これまでに見られなかった画期的な事例だったと思っている。

2006年には、球場の運営管理について「指定管理者制度」の導入にこぎつけた。公募の結果、われわれロッテ球団が指名を受け、以後は自前で球場を運営できることになった。こうして、「球団球場一体化経営」が正式にスタートした。

●本社とタッグを組んだ大改革――DeNA、西武

近年、「スタジアムを起点にしたまちづくり」を始めて注目されるのが、横浜DeNAベイスターズである。

同球団は2016年に横浜スタジアム社を買い取り、翌17年3月、DeNA、横浜DeNAベイスターズ、横浜スタジアム社の3社が、横浜市と「スポーツ振興、地域経済活性化等に向けた包括協定」を締結。観客がさらに球場で楽しめるようにと、横浜スタジアムの大改修を進めている。2020年までに6000席を増席し、みなとみらいを望める屋

上テラス席や、個室観覧席などを設置する。

市の指定有形文化財である旧関東財務局横浜財務事務所をリニューアルした「THE BAYS」も開業した。球団が指定管理者となった、まちづくり構想の中核施設である。球団事務所や直営のライフスタイルショップ、カフェのほか、シェアオフィスやフィットネススタジオを併設。シェアオフィス内には「CREATIVE SPORTS LAB」を設置し、新たなライフスタイルや産業を生み出すことをめざす。

野球だけでなく、かつての男子マラソンの花形選手だった、横浜DeNAランニングクラブの瀬古利彦総監督がランニング・ウォーキングガイドの監修に取り組み、子どもから大人までが参加できるスポーツイベントを開催していくなど、スポーツを軸としたまちづくりに力を入れている。

横浜DeNAベイスターズが今、取り組んでいる主な事業は、以下にまとめられる。

・参加型スポーツの振興――ハマスタ駅伝の開催
・子どもの体力向上や健全育成――学校給食の時間にベイスターズの選手を派遣
・福祉や行政の課題解決――横浜文化体育館再整備事業への協力
・新たな人の流れ創出、街づくり――横浜スタジアムでのパブリックビューイングの開催

・市民の健康――――――市民向けシンポジウムの開催
・2020五輪への機運醸成――――横浜スタジアム改修

一方、埼玉西武ライオンズも2017年11月、メットライフドーム（旧西武ドーム）の改修工事を始めると発表した。

「西武ライオンズは西武のシンボル。（今回の改修により）新しい価値を提供し、新たな人に来てほしい」

後藤高志・取締役オーナー（西武ホールディングス社長）は、今回の改修にかける意気込みを強調した。投資額は180億円規模という大がかりな工事だ。ネット裏に約430席のVIP席を設け、家族連れでも楽しめるような屋外広場のほか、フードエリアを新設。チーム育成をめざし、大型の室内練習場などもつくる計画だ。全体の完成時期は2021年春が予定されている。

ライオンズは西鉄時代の福岡から埼玉・所沢市に移り、1979年に「西武ライオンズ」として再スタートした。当時から、さまざまな面で日本プロ野球界に新風を巻き起こしていた。

手塚治虫さんの漫画『ジャングル大帝』の主人公・レオを球団のペットマークに採用し、「ライオンズ・ブルー」と銘打ったシンボルカラーのユニフォームを発表。野球場の概念を超えたエンターテインメント空間ともいえる斬新な西武ライオンズ球場をつくり、テレビでは「がんばれライオンズ」と題したミニ番組を放送してPRを図った（関東一円のTBS系で放送）。チームづくりにおいては、野村克也や山崎裕之、田淵幸一ら他球団の人気選手を獲得するなど、その動きからは目が離せなかった。

ダイエーが、南海電鉄からホークスを譲り受ける話を水面下で進めていた真っただ中の1988年夏、私は秘密裏に西武ライオンズとその施設を徹底的に調査していた。来るべき福岡での新球団創設時に手本にするためである。その西武もまた、さらなる経営努力によって新しい価値を創造しようとしているのだ。

私がロッテにいた頃に行ったのは、球団が単独でできる改革だったが、DeNAや西武は本社とともに手がける大がかりな改革である。さらに北海道日本ハムファイターズも、「一体経営」にこれから挑んでいくという。

各球団の独自の「挑戦」に大いに期待したい。

もう一つのプロ野球、「独立リーグ」という挑戦

●北陸から四国まで全国14球団で活動

独立リーグとは、NPBとは別に設立された「もう一つのプロ野球組織」である。日本の野球界の裾野を広げ、野球を通して地域の活性化を図るうえでも重要な存在だといえる。

2005年に「四国アイランドリーグ」の4球団で開幕した独立リーグは、その後、07年に「北信越BCリーグ」（現・ルートインBCリーグ）が4球団でスタート。紆余曲折を経て、両リーグの合同機構として「一般社団法人 日本独立リーグ野球機構」（IPBL）が結成され、現在は計14球団で活動している。さらに、関西を中心に活動する「ベースボールファーストリーグ」なども存在する。

今日まで多くの球団が経営に苦心しながら、黒字化をめざし、努力を積み重ねてきた。選手の報酬体系やリーグ体制のあり方を探り、適正なビジネスモデルを追求してきた。

ここでは、独立リーグの現状と課題、可能性について、「ルートインBCリーグ」（BCリーグ）を中心に記していく。

ＢＣリーグとは、北陸・信越地方5県（富山、石川、福井、新潟、長野）、関東地方3県（群馬、栃木、埼玉）、東北地方1県（福島）、近畿地方1県（滋賀）を活動地域とする10球団で構成されるプロ野球の独立リーグで、株式会社ジャパンベースボールマーケティングが運営している。

各チームとも、年間約70試合（ＮＰＢ３軍との試合を含む）、1試合平均の入場者数は約６００人（入場料の単価は約１２００円）、年間入場料収入は２５００万円から３０００万円。多くの球団は、年1億円から1億５０００万円の事業規模である。

選手には4月から9月までの6か月間を対象に、月10万円から40万円程度の給与が支給され、個人事業主として扱われる。シーズンオフとなる10月から3月までの6か月間は、球団から給与は支給されない。

ＢＣリーグでは雇用支援策として「キャリアサポート制度」を設け、オフ期間の就業先を選手に紹介し、選手は働いて、収入を得ながらトレーニングを続ける。主な就業先は、旅館、スキー場、食品加工業などで、球団のスポンサー企業で働くケースも多い。選手たちはＮＰＢの球団への入団をめざす者や、そのレベルに達しなくても、好きな野球を続けたいと努力する者である。

社会人野球のチームが激減する中、プロ野球の頂点にチャレンジする若者たちにとって、独立リーグはとても貴重な存在だといえる。独立リーグを経て、NPBの球団に入団した選手はこれまで約60名にのぼる。首位打者を2度獲得したロッテの角中勝也のように、チームの主力として活躍する選手も現れている（角中は、四国アイランドリーグの高知ファイティングドッグス出身）。

監督はどの球団もNPB出身者が務めている。たとえば、富山GRNサンダーバーズは元ヤクルトのエース・伊藤智仁、石川ミリオンスターズは元日本ハムの左腕の技巧派エース・武田勝、滋賀ユナイテッドベースボールクラブは俊足好打で鳴らした元巨人の松本匡史である（四国アイランドリーグ所属球団の監督も全員、NPB出身者。いずれも2018年7月現在）。コーチの多くもNPB出身者である。独立リーグは、NPB選手やコーチの「セカンドキャリア」の場にもなっている。

首脳陣は監督1人、コーチ2人の計3人が平均的である。したがって、監督とコーチは、零細企業の社長や役員のように、一人何役もこなさなければ務まらない。皆、あたかも昔の青春ドラマの熱血教師のような愛情をもって、選手を厳しく鍛えている。その指導ぶりや誠実さがNPB球団の目に留まり、HPBのコーチや監督に転身する者もいる。

2016年から横浜DeNAベイスターズを率いているラミレス監督が、そのいい例だろう。13年、横浜DeNAから戦力外通告を受けたラミレスは、翌14年、BCリーグの群馬ダイヤモンドペガサスに打撃コーチ兼選手として入団。当時から、NPBの球団で指導者になりたいという希望を持ち、その意思を表明していた。オリックスは、彼の情熱や誠実さを評価し、15年シーズン中に1・2軍巡回アドバイザーとして招聘した。そして、その年の秋、横浜DeNAが監督に招いたのである。

●石川ミリオンスターズの挑戦

ここで、BCリーグに所属する石川ミリオンスターズ（以下、石川）を紹介したい。独立リーグを具体的にイメージしてもらうには、格好の球団だと思うからだ。

石川を運営しているのは、球団名と同じ名の株式会社石川ミリオンスターズ。代表取締役を務める端保《たんぼ》聡は、1966年生まれの生粋の石川県人である。中学、高校、大学ともに野球部に所属。高校は野球の名門・星稜で、読売ジャイアンツやメジャーリーグのニューヨーク・ヤンキースなどで活躍したスラッガー・松井秀喜の先輩に当たる。

私が彼と知り合ったのは、千葉ロッテマリーンズで仕事をしていたときである。以後、球団経営や球界のあり方について、しばしば議論を交わしてきた。

２００５年まで、ロッテは石川県で公式戦を開催してきた。地元の新聞社が中心となって興行していたのだが、端保はチケット販売をはじめ、誰よりも精力的に携わっていた。金沢西早朝ソフトボール連盟理事長などを務め、日頃から「この地域にプロ野球のチームが来てくれることは大切にしないといけない」との思いが強かったからだ。ところが、ロッテは06年、本拠地・千葉マリンスタジアムの指定管理者となったことで、すべての公式戦を千葉マリンで開催、石川での試合は打ち切ってしまう。

その年の5月、端保は、北信越4球団（信濃、新潟、富山、石川）で07年から独立リーグを立ち上げることを知る。地元の野球振興につながると喜ぶ一方、不安と疑問も感じていた。球団の本拠地となる予定の金沢市は芸術・文化の街であり、果たして野球（スポーツ）の事業が成り立つのか。そもそも誰が球団を運営するのか。

端保が懸念したとおり、球団運営の担い手はなかなか現れない。そこへ、地元の新聞社から端保に誘いの声がかかった。「このままでは石川でなく、福井に球団ができてしまう。何とか協力してくれないか」。根っからの野球好きで、地元でのプロ野球チーム誕生を心待ちにしていた端保は、悩んだあげく了解した。２００６年10月に石川を設立する。

以来、人並みはずれた情熱や知恵、努力で、石川を引っ張ってきた。

BCリーグ開幕の07年には、西武ライオンズなどで活躍した金森栄治を監督に擁し、初代リーグ王者に輝く。金森は石川県出身で、端保が子どもの頃から憧れを抱いていた人物だった。その年には、チームの主軸・内村賢介内野手を東北楽天ゴールデンイーグルスにドラフトの育成1位で送り込んだ。

さらに2012年オフには、北海道日本ハムファイターズを戦力外になった、44歳の超ベテラン投手・木田優夫を「投手兼営業」で獲得する。木田は読売ジャイアンツを皮切りに、日米の球団を渡り歩いた速球右腕で、お笑い芸人・明石家さんまとも交流があり、ユニークなキャラクターでファンに親しまれていた。

端保は契約前に「もし、うちと契約ができなかったら、どうするのか」と木田に問うた。すると、「今、東京で全国版の情報番組のレギュラー出演者にもチャレンジしています」という返事が返ってきた。木田がチームに入ってくれれば、番組を見ている日本中の視聴者に独立リーグのことを伝えられるかもしれない。「ミリオンスターズの木田さん、先週の試合はどうでしたか？」などと司会者に振られれば、PR効果は抜群だろう。さらに独立リーグの営業に携わることは、木田自身のキャリアアップにもつながるはずだ。端保はそう判断し、木田を獲得する。

木田は端保の期待したとおり、テレビ番組などで石川の宣伝に努めた。「投手」としては、抑えのエースとしてチーム72試合中、52試合に登板する大車輪の働きを見せ、独立リーグ日本一に貢献した。そして、翌14年にも「GM兼投手」として活躍したところで、引退を決意。引退試合の前日の試合には、明石家さんまが「一日コーチ」として駆けつけ、独立リーグ全体の史上最多観客動員、1万5877人を記録した。普段は開放していない外野席も観客で埋まった。それまでの平均動員数が約600人だから、破格の数である。

あるインタビューで「なぜ（球団を）経営し続けるのか」などと聞かれ、端保はこう答えている。

「『球団を絶対になくしてはいけない』という強い想いがあるからです。地元石川県を代表して、日本の野球シーンの活性化にこれからも尽力していきたい。そのためには、継続することが一番大事だと思っています」

「選手を育ててNPBに送り出すことこそ、球団の使命だと思っています。そして、NPBへと行った選手たちがシーズンオフで石川県に帰ってきたときに、『ありがとう』と言わせられる球団であり続けたいです」（いずれも、Webサイト「ニッポンの底力」、「社長チップス」より）。

石川は、2015年からの3年間で10人の選手をNPBに送り込んできた。球団創設以来、地区優勝9回、リーグ優勝4回など、「強いチーム」づくりにも成功している。運営は決して楽ではないが、試行錯誤を重ねながら、地元の野球振興に役立ちたいと端保は考えている。

今後、特に力を入れたいことはアジア地域の野球振興だという。タイやマレーシア、インドネシアなどの選手を自球団で育成できればという思いが強い。なかなかの難題だが、私もこれまで以上に大いに議論し、お役に立てればと思う。

●「NPBではできないこと」を実行する

BCリーグは、2020年の東京五輪までに6球団増やして16球団とすること、アジアの選手育成を事業の一つに据えること、さらに、各地方自治体との連携を強めることなど、新たなビジネスモデルを模索しながら、NPBとのコミュニケーションを深めていきたいと考えている。

ただし、新たな道（収入源）を切り拓いていかなければ、現状のままではリーグを継続し、各球団の運営を続けることは困難だと思われる。ＢＣリーグの収入源は、入場料収入とスポンサーからの広告・協賛収入が中心だが、選手年俸、試合移動費、宿泊費、練習費などの経費が収入を上回っている球団が圧倒的に多いからである。

トライアウト（入団テスト）には毎回、約４００人もの若者が挑戦する。そこから、毎年およそ30人が各球団に指名され、入団する。ＢＣリーグは、ＮＰＢの選手として活躍するための「ステップ」として、あるいは社会人野球のチームに入団できなかった者たちにとっての「最後の砦」として、その果たす役割と可能性は決して小さくない。日本野球界の底辺を支え、裾野を広げる上で大切な存在だといえる。

「ＮＰＢではできないこと」を試みることで、その存在価値を高められるのではないか。さらなる自助努力とともに、ＮＰＢもＢＣリーグをバックアップすることで、双方がうまく発展できるのではないか。

以下は、ＢＣリーグをはじめとした独立リーグ改革のための私案である。

1．NPBにないトレーニング、コンディショニング、栄養学のノウハウ構築

独立リーグの選手たちは、「野球」については技術的にも精神的にも大変厳しい練習を課せられ、朝から晩まで徹底的に鍛えられる。シーズン中の移動も大変で、バスで深夜に何時間もかけて遠征に出かけることも多い。こうしたハードな環境も、心構え次第では選手にとってプラスに転化する。

ただ、厳しく苦しい環境の中で、体がやせ細っていく者も多いという。このままでは、選手たちがさらに上のレベルをめざすのには支障をきたしてしまう。食事については、NPBの球団と違い、選手たちは自らの収入の中でやりくりしているケースが多い。球団から多少のサポートはあるようだが、もっぱら自分で管理しなければならない。

体づくりには、トレーニング、コンディショニング、栄養学は絶対に必要である。アスリートとしての体づくりだけは、選手一人ひとりに任せるのではなく、独立リーグや各球団としてのサポートを強化できないだろうか。トレーニング、コンディショニングについては大学の力を借り、栄養学については食品メーカーなどにアプローチして、独自のノウハウを構築すれば、道は開けるのではないか。

選手向きの食事メニューなど具体的な商品ができれば、NPB球団、さらには韓国や台

湾、中国などの球団ともビジネスができる。その上で、サッカーに現在、設けられている「指導者ライセンス制度」を野球界でもつくったらどうだろう。

2. 出場機会のないNPB選手に実戦の場を提供

NPB球団に入団したものの、2軍においてもほとんど試合に出ることがないまま、2、3年で去っていく選手も意外と多い。そういった選手の出場機会を独立リーグが保証する。独立リーグにとっては、NPBと情報交換をする良いチャンスになる。選手たちは、NPBの選手とともにプレーしながら、技術や知識を吸収し、野球に取り組む意識も上がる。

たとえば、オリックスは2016年、右の本格派・戸田亮投手をBCリーグの福井ミラクルエレファンツに派遣した。2軍の試合では数多く登板していたものの、2年連続で1軍には上がれず、伸び悩んでいた。戸田は福井に派遣されると、抑えの投手として活躍。自信もつけ、チームの人気者になった。翌17年にオリックスに育成選手として戻ってきた。

コーチを独立リーグの球団に派遣し、選手の指導法などを勉強させているNPBの球団もある。独立リーグはこれらをきっちりとビジネスとしてとらえ、自らの商品価値を上げていくべきだろう。

3. 海外でのビジネス

２０２０年の東京オリンピックを控え、多くの国では日本の野球を見習って、技術向上を図りたいと考えている。独立リーグがアジア地域の選手を受け入れ、各国の強化と２０２０年以降の発展をサポートしたらどうだろう。

アメリカとともに中南米の国々では、日本でのプレーにチャレンジしたい選手も多いのではないか。アメリカ、ドミニカ、キューバなどのリサーチも意義あることだと思われる。

4. NPBへの参画

現在、ＮＰＢ球団がない地域（たとえば四国、新潟、福島など）の独立リーグの球団が、発展的にＮＰＢ球団となるという夢は持っておいてほしい。それは、必ずや野球振興と地域活性化を促すはずだ。

NPBへの提言——プロ野球の「土台」が問われている

●子どもたちの「野球離れ」と地域活性化

1990年代、当時は26球団だったアメリカのメジャーリーグ（MLB）全体の事業規模は、日本野球機構（NPB）12球団の規模と同等だった。ところが現在は、およそ10倍もの差をつけられている。日米を比較すれば、選手の年俸や、球団の事業規模の格差は明らかである。

そのため、日本のトップ選手の多くが、MLBへの移籍を希望している。投打の「二刀流」で、名実ともにスタープレーヤーになった大谷翔平も2018年、海を渡った。

社会人野球が「縮小」していることも気になる。90年代には企業は約140の社会人チームを抱えていたが、長引く不況からリストラの対象とされ、現在は90チームほどになっている（日本野球連盟の調査）。

子どもたちの「野球離れ」も進んでいる。日本中学校体育連盟（中体連）の調査によると、2013年、サッカーをする男子生徒の数が軟式野球部の部員数を上回った。小中学生の野球人口は2007年の約66万人から、2016年には約49万人に減少した（全日本しい。

野球協会の調査）。それに対して、サッカーは同じ10年間で約52万人から55万人に増加しているている（日本サッカー協会の調査）。

これまでプロ野球を支えてきた「底辺」「土台」が揺らいでいるのである。NPBは日本サッカー協会の調査）。本の野球界をリードする存在として、大胆な改革を構想し、新たな取り組みに着手してほしい。

まずは子どもたちの野球振興と、野球による地域活性化が求められる。サッカーより野球の方が、いわゆる「興行」に適したスポーツでもある。野球は毎日、試合ができるし、ゲームの中ではプレー以外の時間が多い。その時間に新しい価値を創造し、サービスを提供できれば、観客はいろいろな楽しみ方ができる。

各球団でも、すでにさまざまな試みが始まっている。私もフロントを務めていたときには、球場内外に子どもたちが楽しめる仕掛けをつくった。野球はそれだけ興行価値が高く、経済の活性化に役立つコンテンツなのである。

地域活性化という点では、NPB球団の本拠地ではない地域での公式戦開催を継続し、拡大してほしい。独立リーグとの連携も視野に入れるべきだろう。

アジアの野球を担う中心として、アジア全体の野球振興にも尽力してほしい。私が知っている中でも、日本人が個人的にボランティア活動として、監督兼GMのような立場で活動していた国はパキスタン、ミャンマー、インドネシアなどいくつもある。

私が千葉ロッテの球団社長を務めていた頃には、中国・江蘇省の江蘇ホープスターズと提携していた。親会社・ロッテの中国でのマーケティングに関する情報を先方からもらい、こちらからは野球レベルの向上のために監督やコーチを派遣したり、先方のコーチや選手を千葉ロッテで受け入れ、研修させたりした。中国の野球レベルは、東南アジア諸国よりも高く、今後の可能性を感じた。

韓国、台湾、オーストラリアなどは、すでに日本と互角に渡り合う力を持っている。これらの国・地域を取りまとめ、ともに発展し、アメリカを中心とした野球圏に対抗していくという夢を持ちたい。

●企業から地域、子ども、アジアまでさまざまな連携を

こうしたことを踏まえ、NPBへの提言を次のようにまとめてみた。

1．プロ野球に興味を持つ企業とのコミュニケーション

建材・設備機器、住関連サービスの大手企業「リクシル」が過去に球界参入を志し、横浜の球団を譲り受ける予定で、事が進んでいたことがあった。最終的には、条件その他でうまくいかなかったが、その後、しばらくは他の球団を買いたいという希望を抱いていたようだ。

ＮＰＢは、そうした情報を積極的に収集し、プロ野球に興味を持つ企業と定期的にコミュニケーションを図っていければ面白い。先方からはアイデアを聞いたり、協賛金など経済的に応援してもらったりする姿勢が今後、必要ではないか。場合によっては、球界参入のチャンスもつくっていく。

たとえば、2軍のチームを新たに2つつくったらどうだろう。現在、イースタン・リーグ7球団、ウエスタン・リーグ5球団とそれぞれ奇数であり、試合を行う上では好ましくない（1チームは必ず対戦相手がなく、試合ができない状態になっている）。特に2軍という選手育成の場では、試合を多く設けて実戦経験を積ませたい。野球に興味を持つ企業には、まずはイースタンやウエスタンだけのチームをつくってもらい、第1段階としてイースタン8球団、ウエスタン6球団とする。選手の獲得には、育成ドラフトだけに参加し

てもらうなど方策はいくつもある。

2. 独立リーグとの連携

ＮＰＢの選手の中には、2軍での出場機会もほとんどないまま球団を去っていく者が少なくない。独立リーグで試合出場の機会をつくることができれば、球団も選手も救われる。独立リーグにとっても、選手の技術向上などプラス面が大きい（本書156ページ以降も参照）。そして、いずれは現行のセ・パ12球団から4球団増やし、16球団にするのも意義あることだと思う。新球団の本拠地には、北信越、福島、北関東、静岡、四国、沖縄などが検討に値する。

3. 日本プロ野球ＯＢクラブの活用

プロ野球に在籍した経験を持つ人たち、約1300名で構成されている「日本プロ野球ＯＢクラブ」（正式名称「公益社団法人全国野球振興会」）は、野球振興のためにさまざまな活動をしている。メンバーは野球を教えるということについても、自らの技術力や知識に基づき、高いレベルを持っている。これを活用しない手はない。

現在は年に1回、「全国少年少女野球教室」として、メンバーたちが全国47都道府県にそれぞれ赴いているが、これをさらに発展させたい。ＮＰＢが日本プロ野球ＯＢクラブを主導し、各都道府県に野球振興担当を置く。そして、男女問わず子どもたちが野球と触れる機会を増やしていく。

4．ファン・ミーティングの開催

各球団がシーズン終了後に行うファン感謝デーの前後に、「ファン・ミーティング」を開く。フロントがチームの1年間の活動を報告し、ファンからチーム編成や球場運営・サービスなどについて率直に意見を出してもらい、議論を交わしたらどうだろう。フロント、選手、ファンが一体となって、魅力あるチームをつくっていく。そうした機運を醸成する場になるのではないか。

5．アジア・オセアニア ウィンターミーティングの創設

シーズンオフの毎年12月に「アジア・オセアニア ウィンターミーティング」を開催する。韓国、台湾、中国、オーストラリア、東南アジア各国が参加し、それぞれが野球の現状を報告し、情報交換を行う。ニュービジネスの発見のチャンスも広がるのではないだろうか。5日間程度の日程で開催し、期間中に日本、韓国、台湾など各国各地域出身のNPBのOBによるオールスター戦を行うのも面白い。

6. プロとアマの交流

毎年のシーズン終了後、ＮＰＢの選手たちが高校球児や指導者を対象に技術指導をする「夢の向こうに」と題したイベントが行われている。ＮＰＢと日本プロ野球選手会、日本高野連（日本高等学校野球連盟）が主催している。

プロ野球で活躍した選手が引退後、高校野球の監督を務める道も広がっている。かつては、監督になるためには教員免許を取得し、2年以上の教務経験が必要とされた。だが、現在は「学生野球資格回復制度研修会」で計3日間の研修を受講し、適性審査で認定されれば資格取得が可能になった。ダイエーや西武などで俊足好打の外野手として活躍した佐々木誠らが、すでに高校野球の監督として采配を振るっている。

ＮＰＢの選手やスタッフは、ハイレベルな技術や知識、指導力を持っている。それを活用すれば、野球界も底上げできる。プロとアマチュアの垣根をできるだけ低くし、門戸を広げ、交流をさらに強化してほしい。

これ以外にも、素晴らしいアイデアが考えられるだろう。ＮＰＢには、長期の目標を定め、野球界発展のための改革を着実に進めることを期待したい。

王貞治さんのこと

王さんと1994年1月、東京・有楽町のフランス料理店でお会いしてから、もう20年以上の月日がたつ。私が福岡ダイエーホークスを退いてからも、今も変わらず、事あるごとに声をかけていただき、お世話をかけている。

2017年の9月初め、私は携帯電話の番号を変更するとき、「○○○○に携帯番号が変わります。これから厳しい戦いになりますが、お身体ご自愛ください」と王さんにメールをお送りしたところ、電話をいただいたことがある。「この番号は前に使われていたものですね。前に戻ったのですね。わかりました」

福岡ダイエーホークスの監督時代にうかがった話を、私は想起した。

「現役の頃、プラットホームで電車を待っているとき、電車の一部を投手の投球に見立て、身体を動かさず、それを見る訓練もした。他球団と何度も対戦するリーグ戦なので、相手投手のことを自分の中に可能な限りインプットする努力をした」

現役時代の王さんの練習は、人並み外れていた。「記憶力」なども大いに鍛えてこられたのだろう。電話のお返事から、王さんの抜群な記憶力に驚いた。同時に、温かい心遣い

福岡ドームでの試合前、王さんとベンチで。出会いに感謝している。

にとてもうれしい気持ちになった。

ホークスの監督にお招きするとき、中内切オーナーは「チームを強くするために、すべて王さんの思う通りにやってください」と何度も話した。だが、いざ始まってみると、チーム運営や編成について、王さんと私とで意見が合わず、議論になるケースも多かった。

王さんからすると、「プロ野球の経験もない人にとやかく言われる筋合いはない。中内さんは思い通りにやってくださいとおっしゃったのに、こいつは何だ」と内心思われたことも、たびたびあったかもしれない。当時、チームは常に成績が低迷していたし、その上、私の至らなさが不要なストレスや苛立ちをもたらすことになっていたのではないか。今思えば、大変な無礼であり、本当に申し訳なく思う。もちろん、私も「何とか強いチームづくりのお手伝いを」という一心だったのだが。

王さんは、辛抱を重ねながら、チームを叩き直し、育て上げた。その結果、1999年、監督就任5年目にして日本一を成し遂げる。その後、ON対決をはじめ数々の成果と実績をホークスにもたらした。勝負にかける強い気持ち、そして、選手たちに厳しく接する中に見せる優しさは、見事である。

私が千葉ロッテマリーンズで仕事をしていた頃、王さんは大病を患い、シーズン途中からホークスの監督を休養されたことがある。入院中、お見舞いに伺ったところ、「一日も早く、監督としてユニフォームを着るんだ」という強い気持ちを感じた。そして、それを実行された。やはり、王さんの使命感、責任感はすごいと思った。

その後は監督を後輩に譲り、ホークスの球団会長に就任された。多くのファンが「勝って当然」と認識している、「また必ず勝ってくれる」と期待している中で結果を出すことの難しさや苦しさを知り尽くした王さんが、それでもなお、使命と責任を果たそうとされている。あらためて敬意を表し、感銘している。

2017年もソフトバンクホークスは日本一になった。日本一が決まった次の日の午前2時、私は王さんにお祝いのメールを送った。すると、すぐに長いメールが返ってきた。「本当によかったです。皆が本当によくやってくれて感謝です。少しゆっくり休みます」という内容だった。

そして、今年の年賀状には、力強い直筆で「いつもありがとうございます。2018年型の野球で1年間戦い抜きます」と記されていた。

さらに、その数ヵ月後、突如、再婚を発表し、周囲を驚かせた。お相手は10年間、生活をともにし、王さんを支えてきた方であり、そのけじめとして結婚したという。「これからは、2人でゆっくりゆっくり歩んでいきます」と私にも話してくれた。実に誠実で、王さんらしいと感じた。

これからも王さんの挑戦は続くだろう。真っ向勝負で世界の、そして日本のトップ野球人として「野球」に挑戦し、「さらに素晴らしい野球界」をつくり続けていただきたい。

王さんのおかげで、私も思い出いっぱいに30年のフロント人生を送ることができた。心から感謝しつつ、これからも応援し続けたい。

おわりに

まさか、プロ野球の世界に携わるとは思っていなかった。30年間もこの仕事を続けるとは、夢にも思わなかった。

人生とは、不思議なものである。

南海ホークスの買収を水面下で進めていた1988年9月、大阪球場内で秘密裏にユニフォーム姿の杉浦忠監督とお会いした。そのときの緊張と感激は忘れられない。と同時に、すでに54歳の若さでこの世を去った父親が生きていれば、さぞかし喜び、まわりに自慢したことだろう、という思いにも駆られた。

その後、プロ野球という「夢の世界の人々」と長く接してきて、この主役たちも「裏方」の誠実な支えがなければ、花開かないことも確信できた。

正直に言えば、30年を振り返ると、苦しいこと、つらいことが圧倒的に多かった。

一方で、素晴らしい人たちとの出会いにも恵まれた。私は、その人たちに助けられ、仕事を続けることができた。

それらはすべて、一生の財産である。

この本を執筆するにあたっては、友人の田靡《たなびき》慎吾さんに多くをご教示いただいた。田靡さんとは、私が千葉ロッテマリーンズで仕事をしていた時以来のつきあいで、日頃からスポーツビジネスについて議論をしてきた仲である。あらためて御礼を申し上げたい。

また、本書には、新聞や雑誌に寄稿した文章を加筆修正した部分もある。『週刊ベースボール』『神戸新聞』『毎日新聞』の当時のご担当者の皆さんにも合わせて感謝したい。

そして、本書を編集してくださった同友館の神田正哉さん、武苅夏美さん、編集協力に携わられた川口和正さんにも感謝したい。

これから私は、新しい世界で新しい挑戦をする。ご縁があり、株式会社中部衛生検査センター創業者の小澤博美社長にそのチャンスを与えていただいた。

これからも人の縁を大切にしながら、生きていきたい。

そして、もちろん、今後もプロ野球が発展していくことを願いたい。

本書には、私がかつて各紙誌に寄稿した文章を加筆修正したうえで記述した部分もある。

・「特別手記 チームの『和』が導いた日本シリーズ進出」（『週刊ベースボール』ベースボールマガジン社、２０１０年11月８日号）
・「セトヤマ雑記帳」（『週刊ベースボール』２０１１年４月25日号～11月14日号、２０１５年４月20日号～11月16日号）
・「復活！セトヤマ雑記帳」（『週刊ベースボール』２０１５年２月23日号）
・「随想」（『神戸新聞』夕刊、２０１７年１月16日付～４月４日付）
・「瀬戸山隆三の球界ウラ話」（『毎日新聞』夕刊、２０１７年４月１日付～２０１８年３月３日付）

瀬戸山隆三（せとやま・りゅうぞう）

1953年、神戸市生まれ。大阪市立大学卒業後、77年にダイエー入社。88年、南海電鉄からの南海ホークス譲受を担当し、福岡ダイエーホークス設立とともに同社に出向する。93年に球団代表に就任、96年からは球団本部長、一時離脱後、99年から再び球団代表を務める。99年、2000年、03年にパ・リーグ優勝、99年、03年に日本一、00年には「ON対決」を経験する。04年、千葉ロッテマリーンズに入社し、球団代表、球団社長などを歴任。05年に、31年ぶりのパ・リーグ優勝と日本一を、10年には「下剋上」による日本一を達成する。04年の球界再編騒動時には、日本野球機構（NPB）選手関係委員会委員長としてプロ野球選手会と交渉する。12年、オリックス・バファローズ球団本部長補佐に就任し、球団本部長などを歴任。

現在、株式会社中部衛生検査センター相談役、千葉商科大学客員教授などを務める。

2018年９月19日　第１刷発行
2018年12月３日　第２刷発行

現場を生かす裏方力 —プロ野球フロント日記—

©著　者　瀬戸山隆三
発行者　脇 坂 康 弘

発行所　株式会社 同友館
〒113-0033 東京都文京区本郷 3-38-1
TEL.03(3813)3966
FAX.03(3818)2774
https://www.doyukan.co.jp/

落丁・乱丁本はお取り替えいたします。
ISBN 978-4-496-05373-3
西崎印刷／一誠堂印刷／松村製本所
カバーデザイン・ライラック
Printed in Japan